エンジェルノート

夢日記よりⅢ

しらやま さら
Shirayama Sara

文芸社

もくじ

§3　夢・宇宙編　143

まえ書き

今回も皆様のお手元に、続編である『エンジェルノート　夢日記よりⅢ』をお届けできることを嬉しく思います。夢の中の人物によって「日記をつけるように」と言われたのは、一九九三年十一月六日。二十一歳になってからのことでした。

臨死体験をした小学二年の頃から、人にはなかなか話せないような体験が多々ありました。

小学四年の夏に後頭部の左側を強打して以来、宇宙銀河仲間のＵＦＯに乗せられたり、昼夜関係なくメッセージの発信音や声が聞こえ続けていたりしましたが、十五歳になってすぐの中学三年の十月以来、浅い睡眠時の体外離脱の体験が頻繁にありました。優しいまなざしに人のような温もりと共に、いつもそばに感じる守護存在の気配。その頃、二回ほど、天上界なのでは？　と思えるようなところへ誘われるように、エレベーターに乗るように高く高く飛行していきました。その先には黄金の世界があり、光以外の何も感じることはないところ。そこで「やるべきことをするように」という凛とした響きの中、頭上全体から熱く見守られているような崇高さと慈愛をも感じる『声』を聴きました。

その後、スピリチュアルな体験は続いたものの、どこへ飛行していくにも、手をつないでくれている信頼できる存在があったからこその、安心感の中でのことです。改めて、夢の中や現実世界においての探索を始めたのは二十歳を過ぎてからのことでした。

地球上に転生し生きる私たちは皆、神（と呼ばれるような高次元存在たちや、全源的な存在のこと）のご加護によって包み込まれるように見守られているのだと思います。

さて、実際に内容をチェックし始めたところ、まだまだお伝えしたいことは今も続いており、一冊に載せられる範囲で詰め込んだつもりです。どうぞ、お手に取っていただいて、このような私個人を通した世界観や宇宙観などを元にした体験記録になりますが、お楽しみいただけたらと思います。

〈メッセージ〉

ここに来て宇宙の話をしましょう。
ここに集まって、宇宙の地球の話をしましょう。
私たちが何者であるのかということを。

あなたが何者で、
私が何者であるのかということを。

この世界において、
何を考え・思い（想像と創造）・行動を
起こしていくのかということについて。
何を意図して地球という星に来ましたか。
写し鏡なる、対なる日本列島が融合し、
ひとつの列島となる。
アジア全体が手を取り合い、それに伴い、
他の国も協調体制へと誘《いざな》われる兆し。
日《ひ》の本《もと》日本を中心とし、
いずれは地球連邦共和国となる、
丸ごとひとつの国である
地球《ほし》となるでしょう。

2019年初めのある日の上空

かつての経済大国なる名は破棄され、
元来の豊饒の国であるように。
人々の心（精神、心身、魂）が
調和に満ちたものであるように。

いさかいを起こしている場合ではないのです。心ひとつにしていきましょう。

二〇一九年一月二十二日の記録より

〝数々の記憶による体験が重なり合ったとき、
私はわたしでいられる〟
〝幾重にも重なる記憶の扉を開けてゆかん〟
〝幾重もの記憶の体験が重なる瞬間、
私はわたしでいられるのだ〟

§1　日常・転生編

小学四年からの毎年の白山登山。山頂付近に住まう龍たちの気配。龍女としての彼らとのやり取り。白山三馬場と白山七社などのスポットめぐり。二十数年来の夢の中の啓示。今もなお、模索・探索し続けていること。

執筆の過程や十数年ぶりの家庭菜園。固定種の重要性と苗たちとの音楽会や野菜たちとの対話。

二〇一八年一月末には予期せぬ交通事故に遭い、五ヶ月半ほど歩行が困難になりながらも歩くことをあきらめず、日々のケアと努力を続ける。その一年後には、機会があり、二十代前半に勤務していた幼稚園の職場に復帰する。このような日常における内容を盛り込んでいる。

自分自身を模したポリネシア系の人形

二〇一三年六月四日の日記より

場面は環太平洋のどこかの地域を息子R君（小学六年）と二人で旅している夢。ポリネシア系の木製の人形がずらりと並ぶお店。同じ女性を模した人形の中に、自分自身を模したものを見つけ「あれだ！」とわかった。

コクーン形の飛行物体

二〇一四年五月十六日の日記より

連日夜遅くて、今日と明日は息子R君は部活の春季大会。お弁当持参で早朝から参加したため、さっきはうたた寝してしまった。

三次元では見えないが、コクーン形の飛行物体が部屋にいた。その後、別空間へ誘われた。それで普段は外に停車したりしていることがわかった。室内や窓のすぐ外にいる。彼らは映像記録により、脳内記憶装置にアクセスしてくるということ。

直径一メートル強《きょう》のコクーン形ミニチュア機。コミュニケーションは音と映像つきですべてテレパシーによって行う。保存機能つきの様々な回路・チャンネルがある。

あ……R君たち中学一年生は、大会見学である。

ヒーラーの守護ガイド

二〇一四年五月二十日の日記より

二、三日前からいる担当守護ガイドは立ち会いの医師＝ヒーラー。以前から私は奏でることによって、手を通して表現してきたが、私のことを、素手によるヒーリングにも強くなる、そしてメッセンジャーだと言っていて、何をためらっているのか……と。私は彼の存在にさっき気が付いたばかり。

地球に何をしに来たのかな

二〇一四年三月四日の日記より

私は、ここ地球に何をしに来たのかな……。

生活に追われるためだけに生きているのではないよ。昨夜の息子R君のひどい頭痛が治って良かった。

昨日は頭痛で欠席した人がいたそう。中国の暴動などの影響だろうか。距離に関係なく、透感するところは私と同じ。今日は自分にもっと優しくしたいものだ。

やることをやって時期が来たら、故郷星へ帰るか次元移行した（スムーズであってほしいが、とてもスローペース）地球へ移るので、いわゆる年金受け取り時にいるかどうかはまだわからないが、一応納めておこう。

子ども時代に二回ほど生死をさまよい今に至る。

一年半前から、十五年ぶりくらいに後頭部の左側から首にかけて、不意に立ち上がったり振り向いたりすると、ピキーッとなることがある。原因は九歳（小学四年の八月）のときの脳内出血。

私はそれについて今さら恐怖心はないが、右足の不具合と関連して、あとどのくらいもつのかを大体知っている。ケアしながらの身体とのお付き合いだ。

母の出生の六年前に祖母の娘として六ヶ月間だけ生きたときと、今回の出生時に自分の中で立てた誓いとを思い出した。

七歳（小学二年の一学期、腎臓系の病気）の生還時はどうだったろう。九歳のときのことと合わせて、記憶を鮮明に取り戻したい。連続四回の書き換え。それはさらに可能なのか？

国産の安心安全なお米と納豆を求む

二〇一四年六月十二日の日記より

今日、スーパーマーケットの店頭にカルフォルニア米があるのを見かけ、そんな……お米の国内自給率は一〇〇％のはずなのにと思った。約二年間のオーストラリア滞在後の二〇〇八年二月に帰国したときも、店頭にアメリカ・カナダ産大豆の納豆（日本輸出のものは遺伝子組み換え食品の可能性が高い）が並んでいるのを見て、驚いた。日本人はその土地のモノを取らなければ、目覚めを妨げられ、遺伝子コードに影響してしまう可能性大なのだ。放射能汚染の問題等もある。また、人工地震はやめて。

対となる龍体日本国

頭が北の日本海側の龍と、頭が南の太平洋側の龍。今はそんなに身をくねらせることなく背中合わせだが、お腹合わせにしたい様子。二〇〇四年頃から今の時代に入り、その事の起こりはそこから十一年後の予定だとか。

延ばしても今から三年が限界。龍は両性だけど、日本海側のは身籠もり、反対側のは流れる。国生み。浮上と沈没……と伝わった。

二〇一四年六月十六日の日記より

龍の口

今どきの龍と古きからの龍の目覚めは如何に

二〇一四年八月二日の日記より

立山上空に白龍がいる。いや、今どきの龍は虹色。古き時の頃の龍も解放されたのか一緒に飛行遊泳している。白山比咩《しらやまひめ》神社付近にも創生された（？）二体の若い龍と一体の子ども龍を感知。彼らは古きからの龍たちの目覚めを促し、解放しつつあるようで素晴らしいことだ。

龍女……とは、魔女以上に（魔女はまだ人って感じだが）異星出身色が濃いイメージである。アザはその名残というわけか。なんだか手の甲なども鱗模様に見えてきている。

実は下腹部にもそういう模様がある。そういうことだったのか。出自がより明らかになり、見えてきた。

地龍を起こして歩いていた

いつものことだが、仕事は音楽教室と透視リーディングと演奏とスポットワーク（気場調整など）の掛け持ち。思えば十数年前は訪れた土地を離れて数日後、必ずといっていいほど地震が起きていた。それは、その土地の地龍を起こして歩いていたからなんだと、最近やっと自覚した。それは土地の浄化のためであったのだ。できれば年内には次（二作目の著書）の執筆に取りかかりたいが、まだまだかな。

二〇一四年九月九日の日記より

龍の尾

白山王朝の者＝起龍の役

二〇一四年九月十五日の日記より

気になって行った白山比咩神社南参道側の禊場の入り口の裏側に『龍』の文字が。

今では、元々どのようにあの場所が建てられたのか、それはなぜなのかがわかるような気がする。

レムリアの姫は白山王朝の者（＝起龍の役）。

臍封じの蓋

二〇一四年九月十六日の日記より

繰り返ししつこく聞こえてくる言葉。今回のは二体の龍体のうちの一体の『臍封じの蓋』が二〇一一年震災時から外れたままなので、そこから人々の怒りや混乱などを吸い込み続け、吹き抜け状態のまま溜まり、それを拡散するために揺らすしかないとのこと。引き続き気分が悪い私。

オーバーソウルスピリット

二〇一四年十二月三十日の日記より

昨日私の守護存在が入れ替わったのではないか。オーバーソウルスピリットだと言う。それはハイヤーセルフ変容の状態か。

黄金の光を放ち、宇宙《そら》の彼方から黄金と銀等の重厚なる光の帯の到来。それらがこちら地球にまっすぐ向かっている映像。私はシリウス経由のアンドロメダ銀河由来の魂。母方の祖母は、私の右肩側の後ろによくいる。

天皇皇后両陛下

二〇一五年五月十六日の日記より

六月十四日の発表会の記念品を探しに、たまたま雑貨屋さんをウロウロして、野々市市役所向かいのパン屋さんに車を止めたあとの午後二時半から交通規制になった。通り過ぎるセンチュリーにて天皇皇后両陛下（二〇一九年・令和元年五月一日より上皇皇后両陛下）にお目にかかれたのは、その数分後のことだった。私は興奮気味だった。

龍の鱗模様のアザ

二〇一五年七月二十日の日記より

原稿の執筆を進めている。腕などのアザを見ていると、どうしても「龍」の鱗を連想してしまう。今度の本（二作目の著書）は、より深い内容に触れていく。私自身の表現形態の一つは「龍女（アースドラゴン）」というのが、しっくりとくる。


ここまで生かされ、生きて来られたこと。

周りの人や支えてくれる人たちへの、私を守ってくれる存在たちへの感謝の思い。

ありがとう、ありがとう、みんなありがとう。

何年もの間、不安定だった状況、重大な結論もあったが、今は大丈夫。そう思える。

今後、どのように意図していくのかは自分の在り方次第。思考・思いの持ち方、行いによって。

とにかく、道はいつもこれからも、自分で（同時に周りの協力やご加護によって）この手によって切り開いて、成し遂げていけるのだ。
私たち一人ひとりの持っている力を示し合わせることで団結してゆける。本当に私たちは持ちつ持たれつの関係なのだ。一人ひとりがかけがえのない大切な人。

身体に刻印されているアザと龍女の頃の記憶

二〇一五年九月六日の日記より

忘れないうちに書こうと思う。昨夜お会いした方は夢などで見た、あの高台を上った先の三輪山の倭笠縫邑《やまとかさぬいのむら》で致命傷（翼と翼の間の急所に長い槍を三本）を負ったときに居合わせていたのではないか。仲間だった彼が駆け付けたときには手遅れだったのだ。

あれが私の地球上の龍女の姿による最期の転生。
※この時点では、最期の舞台は三輪山の出来事かと思っていた（『エンジェルノート　夢日記よりⅡ』２５７ページ参照）
紀元三世紀頃か。原稿はあと二十頁ほど。

身体に刻印されているアザに関する追体験から二十一年。解明しようと具体的に行動を起こし始めてから、ここまで来るのに約二十年をかけている。ちょうど原稿の残り部分はアザについてのクライマックス箇所だ。

生まれ変わって、今ここに生きていることは喜ばしいこと。よりお役目を果たしていく態勢に入りつつある。

福井側の菊理媛《きくりひめ》神界へ

二〇一五年九月二十九日の日記より

一昨日の日曜日は福井駅に到着。

お客様のご依頼により、気場調整とリーディングへ行ってきた。九頭龍に、黒龍&白龍か。福井側の菊理媛神界。つまり、そこもククリ（菊理）の領域内のこと。

数ヶ月前から呼ばれていた毛谷黒龍神社と、どことなく太古の空気・空間のままの白山神社（太陽と飛翔するカラスが写った）。私がそこへ足を運ぶのは千三百年ぶりくらいに感じた。つまり、

白山開山の頃。その頃に何があったのか？　案内して下さった女性は、私がその時点では触れても
いない内容を話し始められた。それは「水」に関することなど。

そこ白山神社では黒と白の対になる変化《へんげ》であるククリの意識体の雰囲気を感じた。また、半年ほど前から、私への倭姫《やまとひめ》の関与も感じる。

それと、一月末に出版社を訪れた際に立ち寄った鹿島&香取神宮（凹凸の要石が存在し確認した。地震が起きぬように押さえているとか）の吹き抜けになる場所が福井にあると感じ、もしかすると、あの辺りなのではないだろうか。その一帯にも「臍」なるものが存在していると思う。この他にも、確認したいことがいくつかあり、今度の十月二週目の連休は高野山へ向かう予定だ。

ククリと龍宮界の関わりは如何に

二〇一五年十月二十四日の日記より

一晩夜更かしして、二作目の著書の旅行記の残り五十頁＋たくさんの調べ物。観音系は何次元宇

宙構造からの現れなのか。神界系とは言え、九次元以上からなのか。ククリと龍神界の関わりは如何に。この数年と二十年のこと、小学四年からの私と、宇宙時代及び他の転生から今世の誕生までの私が繋がり折り重なり統合していく過程か……。

わかった。私の立ち位置は菊理媛様のお膝元に。龍神界から遣わされたレムリアの姫という現れもある。一年前から呼ばれている勝山方面（福井県大野市）の刈込池。明朝、向かいたいと思うほどだったので調べてみたが、片道二時間以上かかるのではないか。現地の散策時間もいるだろうし。山道のようなので同行者が見つかったら行くくらいでいいかな。その池に封じ込められたという龍たちの様子を見るために行く必要があると感じている。山頂の池の龍たちとの関わり合いは如何に。

大聖寺（加賀市）を過ぎた辺りから九頭龍に呼ばれ、錦の龍も感じた。パールや薄い金の印象。十三時に福井駅に待ち合わせ、今、薬師山へ案内してもらい妙薬の水をいただいた。やはりそこは薬師如来様で先月の福井と高野山の続きとなるだろう。昨日の朝に二作目の著書の、初校前の提案原稿に目を通し、必要な調べ物を終え、月曜朝着で提出可。

今というとき

二〇一五年十月三十日の日記より

今週の火・水曜日の午前中に二作目の著書『エンジェルノート　夢日記よりⅡ』のカバーイラストの下描きの鉛筆描きをしてみて（こういうのでいいのだろうか?）、今日は色塗りに入った。これから、どんどん色を重ねていく。

校正紙が届くのは二週間後らしい。来週から半日保育パートのため、午前中の空き時間はなくなるので、より時間調整が必要になる。

最近、現地の知り合いに連れて行ってもらったのは薬師山。こちらは、薬師如来様であり、九月二十九日の福井と十月十一日の高野山の続きになったと思う。電車に乗っていて大聖寺を過ぎた辺りから九頭龍に呼ばれ、錦の龍も感じた。それはパールや薄いゴールドの印象。霊水は目や胃腸に効用があり、昔から妙薬としてきたものだそうだ。

ちなみに、昨日はヨガ教室→中学の合唱コンクール（金沢歌劇座にて）→友人とお茶会だったのだが、昨日、初めて一対一でじっくりとお会いした方も懐かしい人だとわかった。

現在はもちろん、他の転生において、様々な関わりがあるが、やはり、本当は和解して手を取り合うためにも、今世があると改めて思う。周りじゅうの誰しもが、愛おしい大切な人。そんな気持ちで日々を過ごしたいものだ。

二〇一五年十一月三日の日記より

カバーイラストを描く

カバーイラスト進行中。これから、羽の色を白くしていく予定である。もう少し、全体の色合いが変わるのではと思う。なので、あともう少しのところまで来たのであろう。私は途中のこの色がたくさん入った段階がいつも好きなのだ。

普段は描いていても、いつの間にか作品を途中にしてどこかで終わってしまいやすいのだが、今回はそういうわけには行かず、間隔を空けながらも何時間もこのイラストと向き合っている。絵筆を持っているときもまた、時間を忘れて描き続けてしまうほどなのだ。楽しみつつ、まとめていきたい。次の校正紙が届くまでに間に合うかな？　昨日から早めに起きて、七ヶ月ぶりの半日保育パートの仕事の掛け持ちを開始。明日も出勤だ。

二作目の初校が届いた

二〇一五年十一月二十一日の日記より

昨夜、初校の校正紙が届いた。今日の仕事後から読み始めて、ワクワクとしている。提出期限は十二月四日（イラスト画も同じ締め切り日）。原稿の中の出身星のところを読んでいたら気になったので、アンドロメダ星雲とシリウス星、ついでにプレアデス星団の画像を検索してみた。

アンドロメダはやはり懐かしい思いがして、シリウスを経由して地球へ来たのだなと改めて感じた。プレアデスは十数年前の体外離脱で行ってきたという記録が一作目の著書にあるが〝行ったことがある〟という感覚だ。

原稿と胃腸炎

二〇一五年十一月二十五日の日記より

胃腸炎のため、昨日はこども園パートを早退し、今日は出勤を取り止めた。明日は行けるのか、それとも明後日からになるだろうか？　ゆっくりと休むのが一番なのだが、意識的に発酵食品や整腸作用のあるものを摂るように心掛けて対処しようとしている。午前中はなるべく安静にしつつ、原稿に向かっていた。昨日は第二章の最後まで目を通し、今日の午前中は第三章の半分までチェックした（全部で第四章まである）。各章を二回ずつ全体に目を通してから、十二月四日までに書籍カバーイラストと一緒に提出したいと思っている。お腹の違和感（ふつふつゴロゴロいっている）と気持ち悪さはいつ頃回復するのだろうか。午後は音楽教室。調子を戻したいものだ。

再校が届く

二〇一五年十二月十三日の日記より

四日前の水曜日に二度目の校正紙を受け取り、その夜に開封。全体をざっとチェックしてから、内容を読み始めたのは金曜日のこと。初校が届いた段階では、再校は十二月下旬までに届いてからの一週間ほどの作業になるとのことで、印刷前の最後に目を通すのを年末年始にじっくりとできるので良かったと安心していたのだが、それが早まり、来週二十一日（月曜日）着で仕上げなくては！

最後の校正ということもあり、一字一句読み飛ばさないように注意しながらの作業である。今週は時間の空いているところがないに等しく、二十三日は教室のクリスマス会で、そちらの準備等も並行しているため気が気ではなく、本当は楽しい作業のはずが、なかなか時間の確保ができないいま、原稿にも思いきり追われ、今はつらいくらいだ。

二〇一六年一月十日の日記より

白山比咩神社にて初詣で

白山比咩神社へ息子R君（中学二年）と初詣で。新年を十日過ぎた今日、ざっと見て境内には二十～三十人ほど。空いてはいるが、思ったよりも人がいた。久しぶりにおみくじも引いてみた。前に大吉を引いたときは、凶みたいな内容だったが、今回は同じく大吉でも落ち着いた感じ。そうだといいな。それにしても、結局はその人その人の気持ちの持ち方次第だと思うが。私は私の感じ方でいいかな。それ以外にはないのだから。

表参道には大抵、春分の日や秋分の日に気配を感じる大きくて長い菊理媛の化身がお出でて、新月の今日も感じた。

R君が「真ん中は踏んでしまうから、歩かないほうがいいよ」と言うので、どちらかの側を歩いて通った。

白山神界の麓、剣エリア（おもに白山市鶴来地区とその近辺のこと）へ、昨年末に訪れた大阪の空気等を運んでつなぎ、龍神界（シリウス星系由来）のポータルを感じた。なるべく平穏な世の中であるとよいが。日々を楽しみつつ、健康で過ごし、これだということを行っていこう……と手を合わせながら思った。

倶利伽羅《くりから》不動尊へ

二〇一六年一月十七日の日記より

朝から黒龍さんに呼ばれている感じがしていたので、息子R君と倶利伽羅不動寺へ行ってきた。先週、白山比咩神社に行ったあとに伝わった言葉は、白と黒のヒメ、両方の側面。それらは表現の違いはあるが、共通したもの。前回行ったのはR君が小学一年の今頃で、そのときは知り合いに案内してもらってのことだった。知人Tさんより、元真言宗であったと推察される鶴来の金劔宮《きんけんぐう》とは中世の頃までは相当、近い関係にあったのでは、と言われる。足を運ばれる度に感じられるそうだ。

福井には公演依頼のため、次は二月二十一日に行く予定。歌の方（みのんさん）のピアノ伴奏でほとんどがコラボ・オリジナル曲だ（みのんさんは作詞、私は作曲を担当）。

シルバーの船団の意識体は誰？

二〇一六年一月二十六日の日記より

今日も感じる、私に関心を寄せる意識体の波動。シルバーの船団の彼または彼女は誰なのか。手に触れて中へ入り、意識状態によるコントロールで飛行。もうそこまで来ている。この重たい物質波動の地球を離れるのなら代わりの誰かに引き継いでもらう必要がある。記憶をうまく照らし合わせ共有して。かつてそうしたように。代わってもそんなに相違ないくらいに。

待望の『エンジェルノート　夢日記よりⅡ』が届く

二〇一六年一月二十九日の日記より

一昨日、編集部から印刷完了の旨のお手紙と、カバーイラスト等と写真が返却されたのだが、昨夜、早くも私の手持ち分が届いた。落ち着いた時間に開こう。

日常と並行する様々な体験は、私の中では決して切り離すことなどできないことなのだが、内容が独特なものだけに、理解していただけるには、まだまだ時代的に難しいのかもしれないが、ここに書かれていることも私の中では真実であり、真相であるのだ。

また、今だからこそ、必要な内容だとも思う。勇気を出しての力作第二弾である。いろいろな方、一人でも多くの方に読んでいただける機会があるといいな、との思いを込めて。

あれほどまでに校正を繰り返した本文。前作よりもさらに内容が豊富でぎっしりと中身がつまっている。

この一年の間の自分にお疲れさまと言いたい。感動もひとしおである。まずは、私が一番に読ませていただきたいと思う。やはり、本は手にとって読みやすいところが良いと思う。

二月二十一日の福井イベントの主催者N・Mさんが、当日の会場で著書のお知らせをして下さるとのことで、ありがたい。先ほど、開封した。感動もひとしおだ。ちょっとドキドキわくわくしながら読むよ。

二〇一六年五月三十日の日記より

白山麓スポットめぐり

今頃になったが、五月三日の白山麓スポットめぐりのご報告である。友人の車に乗せてもらい、まずは中宮のほうの筍笠《すがさ》中宮神社へ。

ここは数年前に白山七社めぐりをしたときに行ったことがある神社である。お社、右手奥は青森県三戸郡《さんのへぐん》新郷村の戸来《へらい》と似た空気で繋がっていると感じた。移動して、近くに結界橋。加宝神社にすぐ着いた。

昔はその橋を渡ることはあの世とこの世くらい違ったので、それなりの覚悟がいったそうだ、という友人Yさんの解説付きであった。

天狗界との繋がりを感じる場所。見た目、白ひげ印象のやぎじいさん（と私が勝手に名付けてしまった）は半分ほど仙人なのか。見えない彼が出迎えてくれたようで、そこにお出でた。その奥に岩の塊。近づいていき両手で触ってみると、サソリやカニの印象。異界との両方を行き来するところ。数字の十、数字の三。左手首を軽く掴む誰かの感触。背中側に天狗。見た目は修験道者。菅笠。兎巾。秘伝、秘宝。そう、修行の場だったのだ。

勝山経由で移動。前から気になっていた九頭竜湖に到着。九つの次元にまたがる通路。そこでお昼のお弁当にした。すごい風。友人持参の温かい穀物コーヒーが美味しかった。こちらの龍たちはわりと元気そうだった。

　そこから、二時間ほどドライブして、岐阜県郡上市白鳥町の長滝白山神社に到着。ここも気になっていた場所で、何度か近くを通りながらも今回、初めてで嬉しい。お社が三つ並んでいた。こちらで、赤、緑、黄色の三剣《みつるぎ》を授かる。それぞれに使用上の役割があるそうだ。

　その後、今回のメインスポットである白山中居《ちゅうきょ》神社へ向かうが、その奥の「石徹白《いとしろ》の大杉」へ寄ることにした。山道六キロメートル、車で往復六十分+徒歩の往復十分ほどのコースだった。天狗さんはいたのかな？　そこ（階段を上った先）はなんと岐阜側からの白山登山口だった。ここも来てみたかったところ。しかし、やはり登山はいつもの石川側からがいいな。こ

石徹白の大杉にて

ちらからだと山頂が遠いので。大杉では「ココココ、ココココーーー」と木霊さんの音が聞こえていた。

その後、いよいよ白山中居神社へ。そこに『ちびきの岩』がある。それは次元通路の扉。扉は開くだけではなく、閉じることも必要。

真ん中のお社と左右に小さめのお社（その左側のものは合祀されたもの）。おおっ。ご祭神に菊理媛大神の名が（それは後世に付け加えられたそうだ）。スポットワークはまだ続く。

いよいよ刈込池へ

二〇一六年六月二十七日の日記より

二週間前の十三日に、三年近く前から気になっていた白山麓の刈込池（福井県大野市）へ行ってきた。そこは前回（五月三日）訪れた岐阜の白山中居神社の山（三方峰）を挟んで、ちょうど反対側に位置することが、道中の地図を見ながらわかった。

友人Yさんと池の散策くらいに思っていたところが、しっかりと登山道だった。一応、登山靴を持参しており、登山慣れした私たちで、①池までの時計回りコース五十分＋②池から登り口までの四十分ほどだった。

今年の夏山は息子R君（中学三年）と七月三十一日・八月一日の一回だけ登るつもりだが、ちょうどそのウォーミングアップとなった。

今回の目的は池に囚われたままになっているという龍たちを解放するため。伝説では蛇ということになっているが、龍たちのことかなと思う。

表し方が違うだけなのではないか。彼らは決して、悪さをしたというわけではないだろう。地球の気場を整えるためにいる。空や大地を守ってくれているのだ。

家を八時半過ぎに出発し、池には十三時過ぎに着いた。千三百年ほど前に、その辺りに半殺し状態で池に囚われていた約千頭を、五月三日に受け取った赤、黄、緑の三剣で立ち切る作業をした。千には十三頭ほど足りなかったが、皆、喜んで山頂の菊理媛様の元へと飛んでいった。私はその時代にどこかへ赴いており、そこに囚われるのを免れたのかもしれない。人として生まれ変わった今、この時代に解放のプロセスを担う一員としての私なのであろう。

池へと向かっている車中、首から上を出して動けなくなっている龍たちを感じた。別の大きな剣もそのときに受け取った。今度の白山山頂へ持っていくためのものであるらしい。伝説によると、白山山頂にいたのは元々三千頭で、千頭が刈込池、もう千頭が観光新道終点近くの蛇塚（黒ボコ岩から少し下りたところ）、残りの千頭が山頂とのこと。それは千蛇ヶ池のことかな。

　全体の三分の一が、約千三百年の時を経て解き放たれた様子だった。少し、何かが軽くなったように感じ、彼らも白山麓などの地域を中心に地球を守る働きをしてくれているのだろう。残りの二千頭も私が（?）できる範囲で行いたい。今回、みるみる池の水は透明度を増していったのである。

みるみる透明度を増す刈込池

白山山頂翠ヶ池にて

二〇一六年七月三十日の日記より

毎年恒例の白山登山。無事、山頂のご来光を拝むことができた。毎年の登山ではあるが、二年前の今頃も登っていた。今朝の池めぐりコースでは、またまた息子R君は面白い（？）写真を撮った。あの翠ヶ池のろうそくの炎のように見える写真の成長した姿のようなものが写ったのだ。以下がその時の記録である。

〈二〇一四年七月三十日の日記より〉

『エンジェルノート　夢日記よりⅡ』２４９－２５０ページより引用

この七月二十七日（日曜日）と七月二十八日（月曜日）に、毎年恒例の白山登山へ息子と二人で行ってきた。二十八日の御来光を山頂にて拝み、さらに山頂付近の池巡りコースへ。今回、初めてそれぞれの池の在り方やメッセージ性について気が付くこととなった。

ある池では、子どもの龍（日本列島は龍神界や龍宮界と、元々、ある時点から密接な領域でもあるようだ）が何頭もいるのを感じた。彼らはまだ若い龍だ。そのまた別の池には、まだ眠ったまま長く生きている（他の星などと往来できるポータルはある）龍神の気配がした。白山は休火山であり、むやみに起こしたりしてはいけないと感じた。

そして、山頂池巡りコースの翠ヶ池へ。ここは、コースの中ではメインスポットで、様々な次元世界を行き来するポータル・扉・通路だと感じた。

最初に感じたのは女神意識。そして、新たに創造されつつある意識存在たちの、祝福されたような躍動を感じた（もちろん、古来のものを大切に受け継いでのこと）。なんだか、時間を超えたような感覚だった。

2019年夏の山頂池めぐりコース
翠ヶ池の龍たち

連続三回目の白山麓スポットワーク

二〇一六年十月三十一日の日記より

岐阜県側からの白山連邦、三方岩岳からの眺め。五月、六月に続く、白山麓にお住まいの友人Yさんとの三回目の白山国立公園内スポットワークとなった。

一回目は中宮の神社二ヶ所（今日の帰りも逆ルートで参拝）↓九頭竜湖↓岐阜の長滝白山神社や白山中居神社。登山口から少し登った大杉まで。二回目は福井側の刈込池。七月二十九日と七月三十日は息子R君と白山登山。蛇塚や山頂池めぐりコースも行った。今回でちょうど今年の白山麓スポットワークの締めになったように思う。

帰りに中宮の薬師堂で参拝し、手浴&足湯をした。手浴は肩凝りに効くし、足湯は腰痛を和らげる効果あり。しかし、そこは熱すぎて浸かっていられず、少し手前側の旅館の足湯に移動し、ゆっくり浸かった。結局、こども園の保育パートのお仕事は辞めることになり、やんわりと活動しつつ、腰は少しずつ治していきたいと思う。

二〇一六年を振り返って

二〇一六年十二月三十日の日記より

今年を振り返ってみると、昨年も一昨年もこの時期に保育パートの掛け持ちをしており、今回はいつもよりも気持ちゆっくりとしている年末年始。昨年末に二作目の著書の執筆を終えたのだが、今年の三月末でパートを辞めて、四月から健康についての勉強をしようと思っていた。

しかし、人手不足のため引き止められ、ほとんど休息なしのまま続行。五月初めには、かなり体調が悪かった。土日も他の二つの仕事を詰めていたので、平日一日の休みを希望し、保育パートは五月下旬から週四日勤務に変更してもらう。

それでも疲労蓄積して、疲れ切ったまま音楽教室レッスンしていたことが今もどこか心残りだ。七月頃からは、パート後の次の仕事前は毎日横にならないといけないくらいひどかった上、ハウスダストなどによる頭痛で休まらない住居にいた。そして、九月八日のパート後の夕方から続いた三日間の腰の激痛。翌週から出勤することがもうできなかった。

ここまでひどく体調を崩したのは（その後、二〇一八年一月二十五日に交通事故に遭ったが）、ここ数年では初めてのこと。生死をさまよった小学生のとき以来と言っても過言ではないほどだろう。なので、音楽教室レッスンと透視リーディング（個人セッション）のおもに二本立てに戻った。本当はもっと体調を戻してから、十二月の音楽教室の発表会がしたかったのだ。もう、こんな無理はやめよう。人生の中の時間はあまり詰め込み過ぎず、暮らしていけるならそれでいい。

春にアーユルヴェーダの本を取りよせて最後まで読んではみたが、そのままになっており、いつからかヨガのインストラクターについて学びたいと思うようになっていた（ヨガは二十五歳のときから週一ペースで教室に通っている）。それと、フラワーエッセンスやアロマセラピーを始め、冷え取り健康法など実践してきた中で、これまでに学んできたこと、体感してきたこと、私という存在を通しての独自の様々な体験を通して、自分自身を含む世の中の人々に少しでも役に立てる可能性を見出せることなら、何であれ行いたいと思っている。

心にとっても（魂にとっても）体にとっても、調和のバランスを取りながら、栄養となり、より健康でいられることを心掛け、様々なことを見出して実践していきたい。私は今、なぜ生きて、ここに存在しているのか。なぜ、今も生かされているのか。少なくとも、二度は子ども時代に生かされ、この世にリターンしたということ。何をがむしゃらに突っ走ってきたのだろう。今一度、立ち止まってみることも大切だと思った。

桜の妖精たち

二〇一七年四月十六日の日記より

先週の木曜日、ヨガのあとに一人お花見。桜の妖精たちは可愛いのだけど、芯がしっかりとしていて個性的。息子R君（新高校一年）が小学六年だった四年前から背中の湾曲が気になっており、今回の春休みにやっと一緒に通うことができた。四回一緒に参加したのだが、毎回、帰るときには背中がまっすぐになるので十五歳はすごいと思った。

ちなみに私の場合、ヨガ開始は二十五歳で、ある程度、背中がまっすぐになるまでに三年はかかっている。お陰で背もその辺りで一・五センチほど伸びた。R君は二歳頃から（お腹にいたときも）教室に連れて参加（？）しており、小学校低学年までは夏休みなどは一緒に行っていたので、今日は久しぶりのことだった（私は毎週、整えに行っている）。

話が変わって、三月下旬の旅行前に固定種についてのお話をお伺いする機会を得たが、ずっと時間が持てなくて、やっと今日、取りかかった。十七年ぶりの家庭菜園。十六年前に楽器専用ルームを増築してから畑スペースが狭くなってしまったが、楽しみたい。

現在、そのお部屋は音楽教室と透視リーディング（個人セッション）に使用している。当時、実家に住んでいたときは毎日、朝夕に水やりをして、苗の一本一本に話しかけていたが、今回はどこまで関われるだろうか。カボチャがゴロゴロと数え切れないほど、たくさん実ったことなどを思い出す。

固定種苗が届く

二〇一七年五月二日の日記より

四月三十日（日曜日）に苗が届くという連絡があり、K氏の午後二時からの金沢でのお話し会には間に合わなかったが、途中から参加した。三月下旬に少し遠方の小松で参加はしたのだが、質問したいこともあり（このような庭の一角でよいのか等）、より詳しい資料もいただけて良かった。

これまでにじっくりとは耕せなかったのだが、少し掘るとミミズが何匹もいるので土の状態は大丈夫そうかなと思う。

※固定種とは、在来種のことである。野菜本来の味であり、安心で栄養価が高く、種取りして子孫を残せる種のことである（無農薬・無化学肥料栽培による）

段ボール箱いっぱいに受け取ったときから、苗の一本一本が可愛くていとおしい。

日曜日はすでに午後五時を回っていたが、なんとか植えて、やはり小玉スイカの場所が足りず、昨日の月曜日は午後からお天気が急に回復したので、音楽教室の仕事のあとに場所を作り、無事にキュウリたちの向かい側の地面に収めた。せっかく農法のお話をお伺いしながらこのようなやり方になっているが、楽しみたい。

野鳥もよく飛んでくるので、まるで、森の中の一角のミニ菜園。夏は蝉がわんさか鳴き、ピアノの音量を上げてジャンジャン弾くとさらに大合唱。音楽が好きなのかしら。

K氏とお話ししていて、私のところはすぐ横のレッスンルームから音楽が聞こえてくること、そういった生楽器の音を聴かせることと野菜の関わり、効用について触れておられた。

可愛い苗の１本１本

あーなるほど。聴かせているというより、自然に聞こえている、ということだが。肉声で話しかける大切さとも共通するな（朗読や本の読み聞かせも同じく）と改めて気付かされた。なので、そういったこともう少し意識していこうと思った。

クラリネット演奏と里山の情景

二〇一七年五月二十五日の日記より

一、二年前の夢で何度か見ていた内容を昨夜思い出した。山や森林に囲まれた、いわゆる里山の情景。目が覚める直前まで聞こえていたクラリネットの音の調べ（おそらく即興演奏）。吹きながら、とても幸福な気持ちでいっぱいだった。そばにいらした方はK氏だったのではないか。近くにほのかなざわめきと共に、数名の人もいらしたと思う。山に棲む、すべての息づくものたち……野菜の精霊たちのささやきまでもが聞こえていたかもしれない。ぜひ、実行したいものだ。

産土《うぶすな》神社へ

二〇一七年五月二十九日の日記より

なんだか気持ちを落ち着けたくて、白山市の産土神社へ来た。二年は足を運んでいなかったと思う。境内には誰も人がいなくて安らぐのと同時に私の中の何かがチューニングされていく感覚。今世、私はこの辺りで産声を上げた。前回はおよそ七十四年前に、現世では母方の祖母の長女として生後六ヶ月まで生きた。カラスの羽根の印を見つけた。その指し示す方角はほんの数百メートル先の、母の実家のほうだろう。
以下に、昨日の午後一時に伝わった言葉を載せたい。

何かが聞こえる……遠い記憶、懐かしい叫びに似たような思い。
幽玄の時を越えた出会い、めぐり合い、めぐり合わせ。
私たちは今ここに再会する、再会している。
とても懐かしい、悠久の時を経ためぐり合わせ。
この感覚に間違いはない。

今、ここに集う。今、ここに集え。
確かな時を経て縄文杉の元へ。
二千年、いや幾千年の時を経て。
われらは時が満ち満ちるのを待っていた。
われらは山の神、里の神、森羅万象、万物に宿る神……
これぞ日本神道、古神道の神なる存在との現れ。
あらゆるものに神宿る。
天津神、国津神もわれら人々も皆、手を取り合えよ。手を取り合えよと。
協力体制でしかない。それ以外は在らず。
そうでしかあり得ない。
各々が本来持っている、生まれ持った智恵を示し合わせよ。

〈小さい頃に従兄妹たちと遊んだ神社にて〉

ハーブレクチャーの集まりに参加

二〇一七年六月十三日の日記より

今の公営住宅にはオーストラリアから帰国後の七月から住み始めてもう九年（お庭のミニ菜園は、実家の音楽教室場所なので、こちらとは別である）。来月七月中には出ていく予定なので、少しずつ片付けを進めている。だんだん少しずつとは言っていられなくなるのだろうけど。画材もたくさんあるので整理している。

日曜日は白山市佐良へ。午後からのS温泉の社長さん（その後、オーナーさんが代わった）のハーブレクチャーや畑めぐりは楽しかった。とても熱く語られ、純粋なまっすぐさを感じる方。あそこに集まった皆さんがそうなのではないかとも思う。

ハーブのお部屋の角にピアノが置かれてあり、お願いして少し即興で弾かせていただいた。自然がいっぱいの環境の中での演奏は心地よいものだ。帰り際に生ハーブ（確か土日のみとか）の足湯をして気持ち良かった。なんだか山方面で過ごすとリフレッシュする。

母方の祖母の出身があの方面で（実際にはほんの少し手前の河内）、少し遠い親戚も住んでいる地域。住みたいとも思うが、息子R君の高校が遠くなるしね。その後、当日にばったり再会した友人Yちゃんと佐羅早松神社へ一年ぶりくらいに参拝。白山登山のときに通る道なのだが、そこを初めて訪れたのは二〇〇九年に友人Sさんと白山七社めぐりをしたときのこと。

それにしても、なぜこんなにもモノに囲まれて生きているのかしらと改めて思う。もっと軽くして、なるべくシンプルにいきたいものだ。

舞台にてピアノ即興演奏

二〇一七年六月二十三日の日記より

お庭の紫陽花がきれい。昨日まで緑色だったミニトマトが色づき始めた。野菜たちは少しずつ育っている様子。

十八日の日曜日はK氏のお誘いにより、N種苗研究所のN氏による『タネが危ない』の講演会会場の白山市鶴来文化会館クレインにて、『野菜畑の小さな音楽会』と題したピアノ即興演奏という貴重な機会をいただいた。
※『野菜畑の小さな音楽会』とは、その野菜畑の植物たちのための、クラリネットまたはピアノによる即興演奏によるもの
弾き始めはテンションが上がりすぎたのか最初の一、二分で汗が噴き出て、少しどうしようかとも思ったが、なんとか数分間を弾きまくった。好評だったとのことで嬉しい。昨年十二月に音楽教室の発表会で使用したのと同じ舞台のピアノでありがたかった。

息子R君（高校一年）は、昨日は期末テスト一週間前になり、明日は朝から高校の保護者ガイダンス。もう大学進路のお話だ。

引っ越し作業と息子R君の毎日のお弁当

二〇一七年七月六日の日記より

今日のお弁当のミニトマトは固定種の家庭菜園のもの。息子R君は先週の木曜日から今週水曜日まで続いた期末テストが終わり、昨日からお弁当と部活動再開。今週は土曜スクールもある。テスト期間中は朝方の三時、四時までかかる日もあり、R君の部屋とはしきりが襖のみなので、物音が

して私もよく眠れなかった。R君は気分転換（？）に楽器も弾いていた。数日前に小玉スイカの花が咲き、楽しみだ。

引っ越し作業は早めに取りかかったつもりが、次の住まいの鍵を受け取るまでにあと一週間となった。大型荷物の移動は二十四日ではあるが、ここは公営住宅なので、畳、襖、障子の張り替え、風呂釜・給湯設備の撤去、室内掃除などがある。三十一日までに退去予定なのだ。

オーストラリアから帰国後の九年前の七月に職探しに首都圏へ単身で向かって、十月から大学の非常勤講師の仕事の掛け持ちを始めたR君の父親。小学校に入学してすぐのR君を連れてオーストラリアへ行ったように、また他の地域へついていくことはできないことだった。

彼はR君が二歳九ヶ月であった二〇〇四年七月に単身で渡豪。仕事を辞め、父親（R君の祖父）の資金で留学。予定の一年半を過ぎても、二年を過ぎても帰ってこず、とうとう私も仕事を辞めて二〇〇六年四月に幼いR君（当時、四歳半）と渡航し、約二年間の海外生活。家族が離れたままだからという理由で行ったのであった。

今の公営住宅は、一度改築はしているものの築五十四年の鉄筋だからか、何時間かいると頭が痛くてならないというのが、引っ越しのおもな理由である。あと、ここ二、三年の冬場の湿気やカビ、虫の大量発生による本などのモノが傷むこともそうである。

実家の両親や弟の協力を得ての九年前七月に入居し、R君（当時小学一年）との生活スタートだったが、頭痛等の我慢の限界を超え（引っ越す数ヶ月前に、ハウスダストの影響により、とうとう私も鼻炎になった）、昨年九月まで数ヶ月間行っていた保育パートの貯金をはたいての引っ越しとなる。R君の父親とは四年前にピリオドを打ち、これまでの間に、泣きたいときもあったが、強く楽しく生きていきたいなと思う。

母の従姉のお宅にて

二〇一七年七月三十日の日記より

今夜は親戚のお宅にてイベントを楽しんできます。H美さんは母方の祖母の弟の娘さんにあたる方、つまり、私の母と従姉妹同士ということになる。

河内の水源を守る（つまり石川県民の命の水を守る）活動をしたのが河内村長だった大叔父で、元小中学校教諭。当時、高校一年だった私もゴルフ場建設反対の署名を学校で集めた。その後、無事に水源が守られ、今に至る。

「白山登山の帰りにでも寄っていってね〜」と三年前の二月の祖母のお葬式で言っていたのが、このおばちゃん（H美さん）なのである。

この数日の間にも書きたいことがいろいろとあったのだが、あっという間に月末。

二週間前の日曜日に、息子R君の小学生のときの大量にある段ボール工作の多くを処分することにし（これの倍くらいを小学六年の五月の連休時に片付けた）、幼稚園からの思い出ボックス十箱近くなどを運び出した。

近場での引っ越しであるのと、節約のため畳三畳の広さのトラックを引っ越し屋さんに頼み、六日前の二十四日（月曜日）の雨の中、運んでもらった。大物以外はすべて自力のため、運び出すのが本当に大変で、夜遅くにも運んだりしてめちゃくちゃだった。

さらに公営住宅の掃除が大変で、最後にもう一度掃除機をかけて、九年間ものありがとうの思いと共に、やっと今日のお昼前に鍵を管理センターへ返却に行ったのだった。これで、やっと今の居場所に集中できる。オーストラリアから帰国後の私の人生で最低であったろう九年前。そことようやく、さよならなのだ。ここまで生きてくるのは、がむしゃらでしかなかった。もう少し落ち着いたら、ゆっくりじっくりと作曲や演奏に没頭したいものだ。

このような中、二十七日（木曜日）まではR君は夏期講習だったので、よくお弁当まで作っていたと思う。さすがに移動日翌日の二十五日は外食にしてもらったが（ちょうど、R君は友人とのランチの約束も入り、良かった）。その後は半日の部活動のみなので、しばらくお弁当はお休みで助かる。さて、仕切り直して再スタートだ。楽しんでいきたいと思う。お野菜は最近収穫したのだが、美味しさが違う。

野菜たちに話しかける

二〇一七年八月一日の日記より

お庭の野菜たちに話しかけていて、伝わったこと。遺伝子コードに書き込まれている記録・記憶、暗号文。それは本当に暗号なのか？　転生の記録・記憶。ＤＮＡを修復するという、河内のＨ美さんの宝箱の弦を日曜日の夜に私も弾かせてもらったが、何らかの触発になったのかな。隠され、仕舞われている、さらなる遺伝子コードに眠っているもの、それらが順に目覚め接続し、始動していくとき。その段階にある。

信じられないような、普通（？）では考えられないようなことが可能。それらを引き起こし、それらが引き起こされつつある。ここ地球はあらゆるイマジネーション（想像）によるクリエーション（創造）の産物の世界である。何かが新たに始動する気配。そうしつつある今。準備はほぼ万全であり、整っている。秘めたる（用意されたる）あらゆる可能性。秘めたるクリのとき。花開くとき。それは、たった一輪ではなく（最初はそうであっても）集団で。集合意識下において花開くのだ。再生のとき、新たなるスタート、終わりなき道。ゴールが見えたと思ったらまたスタート地点に立っている。その繰り返し。

だからこそ醍醐味がある。だが、その過程において、確実に芽吹き、花開き、実らせ、前進しているのだろう。

今年も白山登山をしたいという気持ちになってきた。日曜日は河内のおじちゃん（母方の祖母の弟）の本（『ゴルフ場を撃退す』水上政吉著、風媒社）と著書との物々交換をしたのであった。

白山登山ご来光

二〇一七年八月十五日の日記より

昨日、十四日朝の白山山頂ご来光を拝んだ。いつも見るような情熱的（？）な感じではなく、落ち着いた雰囲気の静かな印象の朝日だった。先日の大変な引っ越し作業がちょうど山登りのためのトレーニングになったようで、初日の室堂までは、そんなにずっと高いところまで登った感覚はなく、どこかまで散策した感じだった（保育パートで痛めた右腰も引っ越し前には完治していたのか、運ぶのに支障はなかった）。

下のほうの中飯場《なかはんば》で数分間、中腹を過ぎた三分の二地点より少し下の甚之助ヒュッテでの一時間十分の休憩を入れて、五時間半くらいで宿泊場のある室堂に着いた。ときどき、ミストがかかったりと涼しい登りだった。

山頂はそこから約九百メートル上に位置する。景色が素晴らしいのはもちろんだが、夜の星空は、今回は満天とまではいかなかったが、八十％くらいのきれいな星空だった。山頂登拝後の池めぐりコースでは、今回はいつもの三、四倍くらいの人という印象だったこともあり、ゆっくりと池の龍たちと対話ができなかったが、

2019年夏の白山ご来光

元気そうに泳いでいる様子が伝わってきた。それは山頂付近の見えない（？）龍たちのことである。開山千三百年ということだからか、登山開始時から人がたくさんい過ぎると感じた。

昨年は白山麓にお住まいの友人に付き合っていただいて、福井の刈込池に囚われていた龍たちの多くを解放するお手伝いをし（それとは別の日に、岐阜の白山中居神社や、石徹白の大杉などへも足を運んだ）、白山では、観光新道の黒ボコ岩からしばらく下りた辺りの蛇塚に寄り、そこの半数以上を解放できた感じで、山頂でも多数の解放作業を行った（白山の同行者は息子R君であった）。

歴史上において、白山に限らず様々な伝説があるが、必ずしも正統とされているものがそうとは限らず、立場が変われば、その英雄史は同じとは言えないだろう。

人間側も龍側もどちらも地球において大切な存在。より良い働きかけと歩み寄りが必要だと思う。龍たちは地球の大気や気場を整えてくれたりしている。今回の白山登山を起点に、また一年がんばれる。下山時の上から三分の一地点辺りで友人J子さんご夫妻にばったり会い、嬉しかった。

白山一里野と河内の親戚宅へ

二〇一七年九月十八日の日記より

昨日はK氏とM氏に同行させていただいて、高校の部活の先輩が社長をしている白山一里野のホテルを訪れた。七月にもK氏の紹介で訪れている。そろそろ山の空気が吸いたかったので、ありがたい日だった。

岩間の旅館もそうだが、登山一家の実家メンバーでは、子どもの頃から何度もお泊まりした場所。母は、私が小学生のときに「そこの子どもたちが遊んでいたわ」と。それは私も覚えている。母方の祖母と広場のモニュメント前で撮影した写真もある。あれは二十年ほど前の写真かな？

祖母が生存中に最後に白山登山をしたのは、十九年前の七十九歳のとき。すごいことだと思う。それと、高校生のときの部活の合宿でお泊まりしたのが、こちらのホテルだったのだ。

近くの神社で肝だめし。我々一年生はお化け役。蚊に刺されながらも、先輩たちが結構怖がってくれたことなど、思い出した。

昨日は中へ入ってからM氏（昨日、初めてお会いした）のシンギングボウルに数分間聴き入る。十数個の様々な大きさのボウル。心地よい響き。大きめのボウルを被らせてもらい「ゴオオオオーーーン」と一発。外からは叩いた音しか聞こえないが、被っている人にはすごい大音響。ちなみに、私は旅先では、お寺の鐘を撞いては中に入るのが好きなのだが、まさにそれと同じくらいだった。

その後、持参したクラリネットとコラボ即興演奏。即興は楽譜なしで、感覚のみですればいいのが楽しい。このあとは河内の親戚のお宅へ寄り、連続音セラピーの日だった。

河内の親戚のお宅の蔵へK氏とM氏と入れてもらった。なるほど、私が座った向かい側の席に、菊理媛様が座っていらっしゃるのがわかった。多分、彼女は分身の術（？）が得意で、あらゆる場所に同時に体現なさるのであろうが、そこはそれが濃い印象であった。三人で座ったまま、それぞれオルゴールを一つずつ抱えた。私が抱えたオルゴールの曲は『カノン』。

以下が、オルゴールセラピー（河内の親戚のH美さん宅の素敵な蔵にて）を聴いて伝わったことである。

〈語り：お向かいの席の菊理媛の命〉

眉間のチャクラを通して、映像として伝わってくる。

イザナギとイザナミの国生み。最初に生んだ子（おそらく、蛭子）をだき抱えている。それとも、次の子を？　八洲の国に様々な色の龍の子たちをそれぞれの管轄の地へ行かせる。もちろん、白山王朝（白山神界）にも。山頂や麓にも大勢。何千年も何万年もの時を経て、そのまま日本の土地を守っている。

息づく彼らの子孫と共に。気が付けば、両神とも龍の鱗を持つ。菊理媛様にも。普段は人のお姿なれど、龍神のお姿になられたり（それは、白龍だったり、黒龍のようだったり）、白馬や白い鳥のお姿だったりの、変化《へんげ》をなさる。それらは、私には少しも不思議ではない。

聴いたオルゴールの曲は西洋の作曲家パッヘルベルの『カノン』なのだけれども、繰り返されていく旋律……同じ意味の繰り返し。受け継がれ、語り継がれていく大切なもの・こと・営み。

帰宅後、すぐに五線紙を開いた。

『白山神界に坐《おわし》ます、五穀豊穣の歌（仮題）』

いつもはメロディーを作ってから歌詞をつけるか、その反対なのだが、この日のように、メロディーを書きながら、同時に浮かんでくる歌詞を書いたのは初めてのことだった。機会があれば、お披露目したいものだ。他にも、書きためた日本神道・古神道系の曲も手元に数曲ある。

話は変わって、遅ればせながら苗たちがやっと落ち着いた。まずカリフラワーたちが昨日、K氏に土ごとお借りしたプランターに落ち着いた。ベランダの日当たりは良好だ。

夏野菜のピーマンは、蕾も、咲いたあとすぐのも、鳥に全部食べられて、仕舞いには一本は根元近くまでかじられてしまった。小玉スイカは八月の頭に実をつけて大きくなるのを楽しみにしていたところ、実家の父が、よく見えていなかったみたいで、草刈り機で実もお花も全部刈ってしまって、とても悲しい気持ちだった。

柔らかそうな白菜の苗も鳥たちに食べられてしまいそうで、すぐには植えず、対策を練ることにし、お天気と私の空き時間のタイミングのあった今日、やっと落ち着いた。ネット張り対策をしたが、押さえる石がいるかな。これでちょっと安心して、初めての秋冬野菜のミニ家庭菜園スタートである。

息子R君は昨日と今日は大会で、少し遠方の石川県北部へ朝早く出発。今日はお昼までに帰宅し、疲れたのかお昼寝していた。夕方から課題をがんばっている。昨夜は鉄道模型のNゲージに没頭。確かに気分転換は必要だ。

野良着ファッションショー即興BGMと白山一里野クラリネット演奏

二〇一七年十月一日の日記より

昨日は盛りだくさんで、午後は一時頃から金沢駅地下もてなしドームにて、K氏プロデュースの『野良着ファッションショー』のピアノ即興BGMをさせていただいた。その後、三時からいつもの音楽教室。

夜は（後ろのほうの生徒さんに、いつもはしない時間変更をお願いしてのこと）七時五分から白山一里野にて、とてもきれいなイルミネーションに向かって、クラリネットでジャズを中心に数曲演奏。白山市職員さんバンド、和太鼓ソロ、クラリネット演奏、クリスタルボウル、二胡、昔話お話し会と続いた。

高校の吹奏楽部の先輩（一里野のホテルの社長をしている三つ年上の人）に音響を担当していただいて助かった。本当に、このご縁と機会に感謝の思いだ。演奏は貴重な機会となった。疲れたと言っている暇はなく、今夜は河内にてお月見の会。お話に合わせてクラリネット即興。それと、秋の歌などのピアノ伴奏をほぼ初見で行うのだ（歌はH美さん）。演奏と舞台は大好きなので、引き続き楽しみたい。

三方岩岳登山と紅葉

ひと月前から行きたいと思っていた三方岩岳。今日は雨でも行こうと思っていた。ポツポツ雨が降る中、白山白川郷ホワイトロードの登り口から、白山麓にお住まいの友人Yさんと片道四十分で頂上へ向かった。紅葉がきれいだった。

途中は晴れ間もあり、山頂は風が強くてお茶だけして下りてきたが、ほど良い散策となった。

岐阜側から眺める白山。遥拝場所として、とても近い位置だ。かすかに御前峰が見えたような気がした。

下山するときに、ドラムのような太鼓の音が二つ聞こえたが、友人にも聞こえたそうだ。ホワイトロードの帰り道には、お猿さんたちが子連れで何匹も現れ、可愛かった。写真まで撮らせてもらえたのだ。さらに、中宮の足湯に寄って温まり、満足満

二〇一七年十月二日の日記より

クラリネット即興演奏をする著者

足。リフレッシュすることができた。結局、三日連続で白山麓方面へ行ったのだった。

川北の枝豆畑にてクラリネット演奏

二〇一七年十月九日の日記より

今日は川北の枝豆畑（手取川近く）にて、演奏する機会をいただいた。前半は枝豆さんたちの曲を即興演奏し、伝わってくる印象で吹いた。なので、聴いたことのないメロディーだったのではないかと思う。私も枝豆の曲は初めてだった。

後半は枝豆刈り後のお弁当タイムを兼ねて、お子さまたち向けの曲などの演奏。なんと伴奏CDがかけられなかったので、メロディーラインをクラリネットで吹いた。クラリネット一本だとさみしいかと思ったが、そんなことはなく楽しんでいただけたようで良かった。四十名くらいの方がいらっしゃったのかしら。

今日は暑いくらいの気持ちの良い太陽光の下、楽しい枝豆刈り&美味しい様々なアレンジの青枝豆弁当をいただいた。明日のお弁当には、もれなく無農薬・有機栽培枝豆が入るよ。ちなみに、もう少し手取川向こうの寺井の粟生は、父方の祖父の代にそこから金沢へ出たこと（現在の香林坊アトリオのところで祖父は自転車屋さんをしていたのだそう。お相手の祖母は、そのお向かいの日本銀行の女性行員第一号だった）や寺井が出身地である話などを生産者の人に、参加者の皆さんがお集まりになる前に話していた。

今日もとても貴重な体験ができて良かった。中学の同級生にも再会した（実は昨年九月初めまで勤めていた保育パート先で見かけていたので、二人のお子さんたちのことは知っていたのだが、名乗りそびれていたのだ）。

高校にて聴講

二〇一七年十月二十五日の日記より

息子R君の通う高校の、ジャーナリスト林勝彦氏の講演に高校生たちと一緒に午後から参加した。その帰り道の富欅バラ園に今、寄っている。雲は平和を象徴する大きな白鳩の羽の形なのだろうか。本当に貴重な内容の数々で国民の全員が聴くべきだと思った。

ヒューマンドキュメンタリーを作りたいという思いで、この道に。命の問題、放射線の人体への影響、遺伝子のこと、脳について。環境教育が大切だということ、公害問題について。命の尊さと原子力の問題。遺伝子組み換え食品の恐ろしさについて（これらは二十年ほど前の話だそうだ）。

後半は原発の話。三十年以上前に、ディレクターとして放射性廃棄物について調査。処理の仕方が完結していないことからまずいと思ったこと。今、それらの百二十数万基分が溜まっている。一日の使用で原発三基分が溜まること。

二〇〇〇年には解決しているよ、と政府に言われ「そうかな？」と。それまで待ったが、何もなっていない。先輩や同僚からは「外には言うな！」と言われたそう。

そして、起こった３・11。未だ故郷に帰れない五万人の人（二〇一七年現在）。チェルノブイリでは百二十の村が失われ、今でも五十キロ圏内でも入れない。増え続ける小児甲状腺がん。何が原因でどうなっているのか。あんな事故を起こしておいて、誰一人責任を取っていない。見て見ぬ振りの日本人の悪いクセ。命よりも原発を選んでしまったのだ。

第二次世界大戦も同じ。本当の意味での反省がない。徹底分析されていない。何よりも国民の被害者がたくさんいること。政府内では議論されている様子はないに等しい。

３・11のときに連続して起きた原発内の爆発についての映像を警視庁へ現地の人が送ったが、政府が隠蔽し、国民に知らせなかったこと。

〈R君たち、高校生へのメッセージ〉

一人ひとりの命を大切にするような科学技術を。心に感動をもたらすような良い作品を。

要点を書くとすると、以上のような内容だった。

命の重み、命の大切さ。ほとんど何も解決していない、事の重大さを感じた。二〇一一年三月当時に小学三〜五年だった現在高校一〜三年のみんなが、社会において、より良い活動をしていかれますように。

白山麓日帰りバスツアー

二〇一七年十一月二十一日の日記より

十九日（日曜日）に白山麓バスツアー（三馬場めぐり）に参加した。白山市のG楽さん主催の知人Tさんの解説付きであった。朝六時半に白山比咩神社北参道駐車場に集合し、帰りは午後六時前だった。昨年、友人と二日間に分けて白山中宮などの神社二ヶ所や、岐阜の登山口の石徹白の大杉（白山中居神社のさらに奥地）まで足を運んだところである。まるで二日半くらいあったかのような、癒したっぷりの一日だった。①白山比咩神社（石川県白山市）、②平泉寺白山神社（福井県大野市)、③白山中居神社（岐阜県郡上市)、④長滝白山神社（③と同じく）の順で回った。

長滝白山神社では、とても好意的な神主さんご夫妻のお宅にて、皆さんで貴重なお話を伺いながら、お茶とお菓子をいただいた。白山中居神社では、一日詳しい解説をして下さったTさんが境内で私の隣に来られたときに、「こちらには菊理媛が祀られていない」ということをお話しされた。そういえば、白山信仰は岐阜が発祥地（？）だとすると、それはなぜなのだろうと思った（菊理媛は当初は明らかに白山大神ではないはずで、そちらには明治以降に加えられているからだそうだ。知人Tさんのコメントより)。

違った名称で祀られているのか、何か隠されているのか、あとから加えられたのか。乗鞍、飛騨辺りはとても古い地質だが。

人類発祥の地だとも（？）いわれるが、日本が東と西の二つの国で成り立っているとすると、もう一方は淡路島であろう。天橋立からイザナギとイザナミがアメノヌボコでくり貫いた部分の形が琵琶湖とそっくりなので、そうではないかと思う。とても楽しい一日だったが、謎解きがしたい、真相を知りたいという思いが、また私の中にふつふつと湧き起こってきたのだった。

道中に、ネギや赤カブ（わりと大きな束で各百円）や里芋（一袋百五十円）を購入し、今日のお弁当には、赤カブ入りのポテトサラダが入った。どれも、とっても美味しい。

白山の剣は何処に

二〇一七年十二月四日の日記より

十一月十八日夜に参加した交流会と、十九日の白山麓バスツアーは私の中では繋がっていて、それらの印象からになる。

〈白山の剣は何処に〉

十八日にとある女性（Cさん）から霊視により、動物など人以外のものにたとえると、私は「白蛇」だと。二十三日のセッションのお客様にいただいた十個の卵。より良い飼育によるもの。最近、神社などで蛇神様に卵のお供えをするという話を何度か聞いたところ。お客様は白蛇さん（私）にお供え物をされたのかしら（!?）と気が付いた。

以前、あれは二年前のことだが、パンゲアのT氏の紹介により、金沢にて京都の発明家、霊能者の櫻井喜美夫氏に、私の生まれつきのアザから「龍女だ」と言われたこと。そういえば、蛇も龍も似たようなものだともしも捉えられるなら、白い蛇か白い龍（化身として）への可能性があるなと行き着いた（『エンジェルノート　夢日記よりⅡ』２５１ページ参照）。

そして、以下は十一月二十三日夕方五時台に伝わってきた内容からの抜粋で、私自身の言葉ではないのである。

白山王朝の龍宮界の姫よ。龍の姿だったこともある。
白山山頂の青い龍や中腹、麓の龍たちと手を取り合えよ。
今後のコトの起こりが、よりスムーズになされるようにと。
そういった次元世界の使いの者よ。
今、まさに関わりのある者たちと手を取り合えよ。
ここ地球において、宇宙由来の魂の調べを歌えよ、奏でよと。
白い姫は黒い姫でもある。
白い龍は黒い龍のお姿でもあり、他の色の反映でもあり得る。
幾千万年、時を越えて旅してきた。今ある、現し世における人のお姿。
何を共に学び、何を分かち合うのか。
各々が生まれながらに備えている才能を生かし、
学習したこと、していることと合わせて、表現し成し得よ。

歴史は真相を追い求めて感じ、正しく後世の人々に伝えよ。
人々の営み、息遣い、呼吸を感じて行けよ。
協調する精神、皆のもの、協働である。
各々と呼吸を合わせ、意識場を共有していけ。
白山王朝とは何か、龍宮界との繋がりは如何に。
龍の宮とは？　その意味するところは。

とほほ……

二〇一八年一月二十五日の日記より

とほほ……一時間目の数学の授業に遅れてはいけないと思い、息子R君（高校一年）を高校へ送って行った直後の八時過ぎに、帰り道の旧金沢市営プールから一本入った裏通りで、相手が〃止まれ〃の標識で止まれなくて、右タイヤ側に勢いよくぶつかって来た。辺りはうっすらと雪が積もり、停止線は隠れていた。警察の事情聴取は終わり、代理店のレッカー車が九時半頃に来る予定。一応、歩けるが、右膝や右足側の腰や付け根がなんとなくズキズキしてきたのが気になる。

（追記）

十時過ぎに無事、レッカー車で車を運び終え、代車で十一時台に病院で受診しレントゲンを撮った。午後からMRI。そのときは自分で運転して病院へ行ったのだが、夜に相手方が挨拶に来たときには、立っているのもかなり大変で、歩行が困難になっていた。その後、運転も不可になった。衝突時の衝撃で背骨が伸び切って、呼吸もしづらいほどだったからだ。十ヶ月経った今日、二〇一八年十一月二十八日でも未だ骨盤と言うか、腰骨の違和感と右足先の骨の痛みが残っている。座骨神経痛は以前に保育パートで痛めた箇所とダブルパンチとなった。

恵方巻き作り

二〇一八年二月四日の日記より

昨日、二月三日は毎年恒例の恵方巻きをなんとか作った。気が付くと七本になっていた。今日二月四日は立春で、旧暦の新年にあたる。気持ちを入れ替えていきたいものである。

一月二十五日（木曜日）の事故後の、急性の頻繁な間隔の痛みはなくなったが、少し緩和したかなど思っては、一日一日違う感じの我慢できる程度の痛みが走っている。三日前の二月一日（木曜日）に二回目の診察を受けて、諸症状について話したところ、リハビリが開始となった。来られるだけでいいので受けるようにと。腰の痛み以外に、運転ができないのは、背骨が衝撃の影響でピンと伸びきっているからだと、レントゲン写真を見ながら説明を受けた。

また、車は見た目以上に首や軸にあたるところの破損が激しいことと、私の身体も運転可能になるまでは乗れないため、廃車になった。それだけ、おそらく相手は、止まれの標識で止まろうとせず……雪道（大雪前の降り始めの頃）をスピードを出してきたのだろう。タイミングが少しずれてぶつかったのが運転席側ドアだったら命はなかったことであろう。

右タイヤにぶつかってきて（ドカーンという音と共に）、やや左斜め前方へ弾き飛ばされ、ガシャーーーンとブロック塀（衝撃で亀裂が入った）前の半円形のポールに突っ込んで止まったのだ。あの丈夫な車（二〇〇六年四月の渡豪前に、弟が私にプレゼントしてくれたものだった。十年間、お世話になった）が私を守ってくれたんだ、ありがとうって思う。この状況の中でもピアノは弾けて、音楽教室と透視リーディングのお仕事ができていることに、生かされていることに感謝の思いである。

大雪

二〇一八年二月七日の日記より

昨日は息子R君と、私は杖を突きながら小股でヨロヨロと歩いてお買い物に行った。そのときの実家前の道路は八十センチほどの積雪。昨日の朝に除雪車が入るという連絡があり、夕方遅くに町内に入ったものの、量がものすごいからか公園を挟んで一本向こうまで来て、時間切れで次の場所へ行ってしまい、未だ来ていない（翌日に入った）。

雪よけにも限界があり（とは言え、私は身体の都合でほとんどできなかったが）、母は今日の学研教室（三科目の指導）を断念し、私も昨日の音楽教室レッスンはお休みにした。昨日も今日も高校は休校で、小・中学校も同じくだった。明日の連絡はまだかな？　病院へ診察を受けに行けるだろうか。

穏やかなお天気の日

二〇一八年二月九日の日記より

お昼頃に、先週一月二十五日（木曜日）の事故の過失割合は相手方がほぼ九割で行けそうとの連絡があった。保険会社がこちらの思いや身体と車へのダメージについて強く訴えて下さったのだ。それが、相手方に雪道でスピードが出ていた証拠である。交差点だと（こちらは優先道路だった）両方に過失があるからと過失割合は三対七となっていたので、そのままだと納得がいかないところだった。

通院に五週間はかかりそうであり、運転ができるのはいつ頃からだろうか。

昨日から息子R君の通う高校は始業一時間遅れで再開。部活動なし。明日は土曜授業の日。身体はまだ痛むが、やんわりと物事を進めていきたい。十二日は現場検証である。クラリネットは座りながらなら吹ける。今日も雪で教室はお休みにした。明日から開始予定だ。

雪山と道路標示

二〇一八年二月十四日の日記より

今朝のこと。この間の事故はなぜ起こったのかな？　と思っていたところ、守護ガイドが「外に出てみて」と言うので、すぐそこの田んぼと畑の辺りへ出た。

そこの標識の〝止まれ〟を見て、今は一時停止と徐行をするときだというメッセージに気が付いた。書いてある通りである。

一昨日の十二日（祝日）は金沢市富樫三丁目で現場検証。中署の交通課の方二名と相手方。相手の方は、やはりきちっとされている印象の方で、なんと息子さんは同じ高校の卒業生だった。警察の方からは、一時停止標示のついてない優先道路でも、信号のない交差点では徐行とのこと。徐行とは、時速十キロメートル以下のこと。それが道路交通法にあるということなので、診断書を提出すると私も点数が引かれるそう。それでも提出しようと思っている（その後、二〇一九年秋の更新のときに、なぜかゴールドの免許証のままだったので、その点は良かった）。

話を聞いている間も雪道をビュンビュン飛ばしていく何台かの車。しかも、一時停止をしない高速車も。

私を車に乗せて、近くのスーパーマーケットに止め、徒歩で現場へ付き添ってくれた母も、「あ、あれは……危ない！　つまり、お互いに運が悪かったのね。タイミングが少しずれていれば、ぶつかっていない」と母らしい意見。今、小豆を煮ている。小豆糀を作るので楽しみである。

二〇一八年三月三日の日記より

二作目刊行から二年

今朝の羽根雲がきれいだった。すっかり春みたいで、息子R君は、今日久しぶりに自転車で午後からの部活動のため、登校。私は雪が引いた頃から、透視リーディングの予約が急にいっぱいになり、お仕事などで満載の日々である。この三月で、著書二作目刊行から二年である。不思議な感じの内容もたくさん入っているが、読み応えのある中身の濃い面白い本だと、私は思っている。

事故から五週間が過ぎ、まだ通院はしているが、歩行は少ししっかりしてきたように感じる。油断すると、腰抜け状態だからかよろけたり、不意に座り込むことになりそうになるので、不安定な腰椎をかばうように気を付けている。これからの目標は、まずは、自転車に乗れるようになること。そうすれば、もっとお買い物に行きやすくなるだろう。

自転車再デビュー

二〇一八年三月十四日の日記より

金曜日の朗読劇の公開稽古や土曜日のリハーサルと本番はなんとかやり抜いた感があった。しかし、土曜日夕方の音楽教室の仕事前から、急に骨盤辺りがメキメキとし、腰骨がバリバリするという痛みが来て、三日間ほど強烈だった。昨日の火曜日はまだつらく、今日はやっと一週間前くらいの感じまで回復したようだ。暖かくなったこともあり、好奇心から自転車でお買い物に行ってみた。そっと乗り降りすれば意外と腰に響くことなく乗ることができた。毎日歩いてはいるが腰をかばいながら歩いているので、まだ普通の速さの歩行はできず小股歩きで、段差があるところや方向転換するのにある程度の時間を要する。自転車再デビューで、お買い物時間の短縮になるので嬉しい。明日は自転車で医者へ行けるかな。

リハビリとじゃが芋&里芋の種苗

二〇一八年三月二十七日の日記より

先週の金曜日にK氏から注文のじゃが芋と里芋の種苗を受け取り、一昨日の日曜日に息子R君（高校一年の終わり）と土作り一日目。今日はリハビリとお買い物後に土作り二日目だった。種苗たちには植えてからも、たっぷりと私のピアノ演奏を聴かせて……いえ、聴いてもらっている。他には何を植えようかしら。最近はお天気も良く、部活の帰りにR君に少しお買い物も頼めたりして、助かっている。

日々、感謝の思い

二〇一八年四月十二日の日記より

お庭のチューリップがきれい。太陽光がありがたい。今夜のメインはコロッケとお庭のタラの芽の天ぷらだ。サラダやシチューなどもある。木の高いところのが採れなくて、収穫はわずかだ。

しかし、息子R君（新高校二年）の部活からの帰りが遅いのだ。昨晩の課題に朝の四時までかかっていた。私は、高校生になってからの極端な睡眠不足を心配している。春休みの課題も半端な量ではなかったのである。

臨死体験し、二週間の入院後に退院して、今日でちょうど二週間の父は、やたらと霊が見えるようになり、そういった調節が可能になるまでは大変そうである。実際、私も小学校高学年の二年半はまともにそうで、そのときのわけのわからない状態を話せる相手もなく、ひたすら自己を通して、対峙し続けるしかなかった。だから、父のことを理解して力になってあげたい。この一ヶ月の間、疲労感の取れない母の話し相手にもなっている。

私は一月二十五日以来、車で自由に出掛けることができなかったが、今は内省、内観のときかなと思う。それでも、わりと普通の速度で歩けるようになったこと。自転車にも乗れて、家族や時として友人と過ごし、教室での仕事と楽器演奏ができること。それらが行えることに感謝の思いだ。

父も私ももう一歩違っていたら、ここにいなかったかもしれないのだが、生かされていることの意味を吟味し、捉え直し、この命を大切に生きていきたいと思っている。

家庭菜園と家具などの手放し作業

二〇一八年五月九日の日記より

ゴールデンウィークは弟たちと、ひたすら実家の祖母時代の家具などの手放し作業をしていた（私はあまり運べないが）。四月末に受け取った固定種苗のミニトマトとキュウリを六日に植えた。お日様を浴びてすくすく育つといいな。四月初めに植えたじゃが芋の葉っぱが地面から顔を出し始めている。里芋はまだかな？

家族内のショックな出来事が続き、四月二十三日の午後に父は再入院。私は父とのある絡み（こちらには、とても書けないが）により、四月二十六日晩から両腰のしびれに、右足の痛みとしびれで二分以上続けて立っていたり（右足裏で体重をかけにくく）歩いたりがまたできなくなった。五月三、四日くらいに少し回復し始め、少しなら歩行が可能になり、畑に入ることがやっとできたのだ。

サクランボを狙って小鳥たちが集まってくる。ヨガのポーズをいろいろとって、関節・骨が定位置に入るとしばらく調子が和らぐものの、まだまだ油断はできない。真剣に車椅子の購入も考えたりもしたが、まだあきらめずになんとかしたいと思っている。

昨日はキッチンで使いたく、日曜日に購入した棚を組み立てた。いつもなら父に頼むところなので、初めてのことだったがなんとかなった。音楽教室と透視リーディングのお仕事はしている。本当はもっと体調良く臨みたいところだ。事故直後と同じく、続けて立っていられず、移動に時間を要するため、椅子に座って上に手を伸ばして包丁を使ったり……と、家事をするには普段の数倍の時間がかかっている。せめて、一人でお買い物に行けるようになりたい。今日も母の介助でお買い物に行きます。健康が何よりである。

二〇一八年六月五日の日記より

記憶の回想シーン

以下は突拍子のない話に思われるかと思う。

小学四年の夏の事故の際に、後頭部の左側の脳内出血。固まるまでの三年間はたっぷんたっぷんとして揺れる度に気分が悪かった。そのとき以来、急に頭の中で頻繁に強い口調の声がして、いろいろなモノの……例えば、人の思いとか周りに漂っているものなどを感じるようになった。それらの調節が何もできないままだった。

授業中は頭の中の声が大きすぎて、先生の声が聞こえにくく、黒板はクラスメートの飛び交う想念などのオーラで見えにくくて困った。まるで、牛乳瓶の底から周りを見ているかのようだった。

夜は宇宙からの複数の発信音や地球の自転する音（音量は最大だった）などであまり寝られず、夜明け前になると、西の空が怪しく赤くなって吸い込まれ、気が付くと、とある宇宙船の中で三人くらいの人間型宇宙人たちに話しかけられていた。今思うと、仲間（宇宙銀河ファミリー）の船団だったのだろうけど、小学生の私には恐怖でしかなかった。

「記憶喪失状態がはなはだしい。大丈夫か？」というようなことを言われた気がする。こんな状態だから、学校でもいろいろあった。よく登校していたものだ。大人になってからは彼らとの関わり方の調節がだんだんと可能になり、チャクラワークやヨガなどを通して、内面を見つめることを続けた。十五歳頃からそばで守護してくれる存在のことを感じとれるようになった。

しかし、特に小学校高学年時の、相当に溜めこんでいたストレスや、当時理解不可能な、消化しきれない様々な思いがあった。加えて父親からの頻繁なＤＶ。今回の事故の衝撃によって、腰骨や関節に、それらの未消化の奥深くに仕舞いこんであったものが一気に、次々と浮上している。だから、結果、ありがたいことなのだとも思う。

お庭の野菜たちと木々との対話

二〇一八年六月十二日の日記より

今日はしとしと雨が降っていた。レッスン後にピアノを弾いていたら、後方から「ぼくらの曲を弾いてよ」と聞こえた気がして……。

私「ホント⁉　じゃあ、そうね……枇杷《びわ》の曲を弾こうかな」

と一曲、即興演奏。

私「聴いてくれたかな。どうだった？」（お庭の枇杷に向かって）

風も吹いていないのに、枝がわずかにしなったように見えた。なんと、枇杷の木にも枝葉にも、小さな小さな妖精みたいなものが、駆け回っているのを初めて見た。以前、山で木々の木霊の気配を感じたことはあったが。

お庭に出て、ミニトマトとキュウリに見入っていたら、「さらちゃん、さらちゃーん」と呼ぶ声が。

ええっ⁉　ここにも小さな住人がいる。皆、陽気で楽しげ。だけど、とても繊細そうでもある。

気が付くと、周りの木々、植物たちには、守り手の妖精（小さな精霊かな）がそばにいて、歌を歌って踊っている。

一緒に演奏することで、共鳴が起こる。これから、ミニトマトの歌もキュウリの歌も、じゃが芋や里芋（芽が出たところかな）の歌も、紫陽花に柿にかりんに栗の木などの歌も、順番に奏でてみたいと思った。

そして、以下は今朝に伝わってきたことである。

どこからか和音の調べが聞こえる。声がする。

「もう少しで完成形ですよ」（この世界において）

田んぼの心地よい水音と、小鳥たちのさえずり。空の音なのか、大地の音なのか、あらゆる生命の音が共鳴しているのか。繰り返されるハーモニー。目を閉じると、私は今現在、いつの時代のどこにいる、何という人物だったか……と。私は誰なのか、と。あらゆる動植物の生命の息吹く音。

空と大地との共鳴。

時たま、このようにはっきりと聞こえ続ける日がある。これらの調べに即興でメロディーラインをつけたりして、参加したくなる。

母にお買い物に同行してもらう

二〇一八年六月十八日の日記より

今日は朝から母にお買い物に付き合ってもらった。お庭の薔薇がきれい。枇杷は収穫時だ。里芋は七個中六個が葉を広げていて元気そう。今朝は息子R君が自転車で登校して、数分後（七時五十九分）に揺れが来た。石川は震度2。大阪は震度6弱。

昨夜「門戸を叩け、門戸を叩け、門戸を開け、門戸を開け」と聞こえていたので、やっぱりと思った。

以前にも大きな地震が来る前は同様だった。先日、強烈な地震雲を見たときに、震源地は大阪だと伝わったが、今回は何日か時間差があったのである。

地震前、私はやたらと眠気が来る。昨日もそうだった。ピアノを弾いても何をしても、ツンツンする頭痛と、強弱はあるがどうにもならないような気持ち悪さ。こういう体質なのだ。また揺れが来るのかもしれない。あまり大事に至りませんように。

七株目の里芋

二〇一八年六月二十一日の日記より

野菜たちは元気である。最後の一つ、七株目の里芋も芽を出した。可愛くて、「出てきたのね。おちびちゃん!!」と言ってしまった。

一昨日、里芋の曲を即興で弾いたところだ。今日はヨガ教室の仲間にいただいた羽咋の古代米を混ぜて、ご飯を炊くのが楽しみ。

その人は父と同じ年齢の人だが、同じく五歳は若く見え、六十代半ば過ぎか、それ以下にしか見えない。そういえば、ヨガを何年も続けていらっしゃる方は皆、そういう感じかもしれない。

それにしても、最近、何本かの白い髪が気になるようになった。一月二十五日の事故から何日間も整形外科のお薬を服用していたからだろうか。あと、心理的な変化も体調と合わせて見逃せないが。これまでは、たまに行く眼科と歯医者以外はめったに医療機関にかかることはなく、医者のお薬の服用は二十年ぶりくらいだった。

ヘアカラーは二十四歳のときに一度だけしたことがあるが、髪がゴワゴワとしてまとまりが悪くなり、その後、したことはない。ケミカルなものには過敏な私（電磁波にも弱い）である。もしもするなら、なるべくナチュラルなヘアケアをと思うが、もうしばらく様子をみてみようかと思う。

毎年の白山登山……来年は行けると思うが、足腰の回復が間に合えば、希望は今年八月のお盆頃に息子R君と二人で行こうかと思う（同年の八月下旬に登山した）。またはR君が台湾へ高校の修学旅行へ行く十月頭に、お天気を見て山へ行こうかなとも考えてみている。ぼちぼち、ウォーミングアップに小さな山を登る前に、ヨガ教室のあとはバスに乗らずに、五十分〜一時間歩いてみようかな。今、足腰がどういった状態かは把握しているつもりだ。

野菜の収穫と様々な思いの解放中

二〇一八年七月二日の日記より

イボイボのキュウリとミニトマトを収穫。やたらと可愛いのだが、どんな味がするのだろう。

息子R君（高校二年）は先週木曜日から今週水曜日まで期末テスト。昨年度に比べて睡眠は結構取っているのではなかろうか。五月の連休明けからの朝方学習は効果あり。テスト期間中もお弁当持参で、エアコン完備の学校で集中してテスト勉強をしている。今朝は志望大学のオープンキャンパスの申し込み初日なので早速申し込み、その後、暑い中、自転車で片道十五分のところへ音楽教室発表会の会場探しに向かった。

今、音楽教室は数名の少人数なので発表会はどうだろうかと思ったが、お手軽な会場が見つかったので、仮予約した。やはり、教室の方たちには発表の場が必要だからと、二年ぶりの開催を思い立った。会場審査が通れば、今回は大きなホールは借りないが、そちらで十二月下旬にクリスマス会＆ミニ発表会をする予定である。また、七月末の吹奏楽の演奏会に出る予定なので、一昨日の土曜日から練習に参加し始めた。

五ヶ月前の事故をきっかけに（車は廃車になったが）、足腰の骨に溜まっていた（？）様々な思いなどがどんどん解放されているからか、大分、元気も回復しつつある。日常のことで思い悩んだり（R君が高校入学時から大学の進学費用のことを気にしていたからか、それが濃くなっていた）が、結構スコーンと抜けてきて、何とでもなるという意気込みになり、ワクワク感がいっぱいなのだ。

自分の思いを遠慮して抑えて周りに合わせ過ぎるところもあったので、もっとまっすぐに表現していいのだと、今さらながら気が付いた。

明日は染め物のお勉強をしている友人Sさん（そのための植物を植えたいそう）に付き合って、白山麓方面へお出掛け。まずは、親戚のお宅の畑へ行くので楽しみだ。神社めぐりも少しする予定なので、クラリネット持参で行こうかな。

白山麓河内と佐羅早松神社へ

二〇一八年七月四日の日記より

昨日は白山比咩神社に半年以上ぶりに友人Sさんと参拝した。河内の親戚のお宅の素敵な畑を見せていただいてから、お洒落な蔵にて、自然と神道や菊理媛神界やUFO、アストラルトリップなどの話となった。オルゴールセラピーで右腰の骨の痛みがスッと引いた。昼食後、ピアノルームで即興演奏していた間も神道のお話が続いていた様子。

その後、白山市佐良の佐羅早松神社へ向かう。一年ぶりのこと。本殿前にて、一羽の蝶がヒラヒラと舞う。語り手の声と共に、ニギハヤヒの命の穏やかな面持ちが思い浮かぶ。二羽目の蝶が左側手前のガラス戸に止まる。目が合う。

ニギハヤヒ「生きるとは何たることぞや。それは、この世に生を受けたということ……。地球創生の記憶から始まり……日の本日本で最も古い地質は飛騨の地（人類発祥の地）、次に白山。一に乗鞍、次に古いのは白山。併せて飛騨大陸。境界は海で、隣り合っていた。君らは真相なるものを知っておるか」

語りはここまで。

本殿に向かって左手の菊理媛神社の右隣の三本の杉。手前の真ん中の杉に手を触れたとたん、どことなく男神っぽい？

「己を知ること。探求、究明していかれよ。まずは自分で自分を知ること」

左側の杉からは、どことなく女神っぽい（？）感じがした。

「己を知るとは如何なることぞや。その内奥、秘めたる深みの淵へと誘《いざな》われよ。そうなりつつある」

右側の杉からは、導き手（？）の感じがした。

「この体現する世界において、身に纏う真なる姿とは如何なることぞや。本質を知れ」

〈ニギハヤヒの命より〉

「ああ、めでたや、めでたや、なんとめでたきことか。日本古来民族。我らの血族なるもの。受け継ぐ者たちが集まり、中心となって各々の智恵を示し合わせ、手を取って行かれよと。手を取り合っていかれよと」

その後、三本杉の前辺りでクラリネット即興演奏をしたのだった。

三方岩岳山頂にて

二〇一八年七月二十三日の日記より

一時間ほど前からSさんと三方岩岳山頂にいる。ときどき日差しは強いが気温は二十度くらいで快適だ。

そこは白山白川郷ホワイトロード登山口から片道一時間ほどのお薦めコースである。今日は白山山頂はあまり見えないが、私たちのいる真上に円形の厚い雲の層があり、囲まれている。山登りワンちゃんもいた。

山頂には一時間半ほどいたが、下山を始めて二、三分で円形だった雲が分離し、形を変え始め、午後一時くらいに御前峰方向の真上に白山御神体の雲の御三体が出現（⁉）した。

車が届いた日

二〇一八年八月八日の日記より

毎日が駆け足で過ぎてゆく。七月三十一日は休みだったので、息子R君のリクエストで部活動後の夕方から映画館へ行った。その後、一度弾いてみたかった、金沢駅もてなしドームの『思い出ピアノ』でしばし電車の待ち時間に即興演奏。
※思い出ピアノとは、最近統合されて廃校となった校舎内にあったもの
父の退院をきっかけに、その前日の七月三十日の夜に不意に車を買おうと思い、翌日（七月三十一日）の朝に、半年と少し前の事故の件で大変お世話になった車屋さんへ電話をして、午後から試乗のあとに即決。そして、今日八月八日は午前中はホルン奏者の方とピアノ合わせ。その後の午後三時半に入庫した。

父で手がいっぱいの母に、これ以上、私やR君の件で手間をかけてもらうわけにいかないことと、やはり車がない不便さに二、三年ほど車なしで……などとは言っていられなくなっての決断だった。

明日はR君と大学のオープンキャンパスへ行ってきます。

白山山頂にて

二〇一八年八月二十七日の日記より

午前五時過ぎから白山山頂にいる。霧が濃かったのだが、短い間、太陽が顔を出してくれた。そ

の後、晴れてきたようで嬉しい。昨日二十六日（日曜日）夕方の弥陀ヶ原（大体、山頂まで四分の三地点だろう）の様子は、まるで歓喜のパーティー（巻末の「あと書きに寄せて」参照のこと）のようだった。満月の夜空の天体ショーといい、山の感動は言い尽くせないほどだったが、これでまた一年がんばれる。来年に向けて、体調管理と体力作りをしていきたいと思う。

吉崎御坊ツアーの日

二〇一八年十一月十四日の日記より

久しぶりのお庭日記。まだまだ実っているミ

白山山頂まで約900mの室堂付近にて

ニトマト。母に頼まれ、一緒に柿の収穫後、この間から気になっていた里芋掘りをしてみた。すっかり遅くなったかと思ったが、今年は暖かいからか、まだ早かったかな。じゃが芋のときは小さいものがコロコロとだったが、里芋はわりといい感じ。七株中二株だけ収穫してまた今度にしようと思う。お庭の柚子も少しいただいた。

昨日十三日は九月から申し込んであった、G楽さん主催の吉崎御坊ツアーへ。

※九月六日のTさんの講演『大実業家八世法王主蓮如』の続編の会である

小一時間して、現地に着いた十時頃に母から電話があった。「お父さんが動けない状態なので、来てほしい……」と。

タクシーを呼んで駅から電車というのも考えたが、バスツアーの邪魔をしてはいけないのと、今のところは大丈夫と信じて「本当に緊急の場合はまた連絡して！」と母に言い、参加を続行。昨日は、お寺参りをしているのには、それなりに意味のあることとなのだろうと、一日気にしながらもしっかりとお参りしてきた。

夕方、母に電話すると、親戚の伯父（父の姉の夫）に来てもらい、無事に再々入院とのこと。七月末に退院してから、この三ヶ月半の間、母はつきっきりで父のお世話をし続けていたので、ひと休みしてほしい。ちなみに、先週火曜日は父が朝から散歩に行ったきり戻らず、一晩行方不明になったため、夜まで捜し続け、少し遠くのコンビニエンスストアからの通報により、翌朝三時にパトカーで帰宅したところであった。全員、無事で何よりなのだ。

新年四日目

二〇一九年一月四日の日記より

新年四日目となったが、明けましておめでとうございます。十二月二十四日のミニ発表会&クリスマス会は無事に終えることができた。

その翌日からすでに寂しくなり、やはり、このお仕事が好きなのだと自覚し直した。

昨日は金沢駅で、息子R君のパパ（二〇〇八年夏から関東在住）のお見送り会をし、新宿行きのバスを見送った。

今日は珍しく良いお天気で、ずっと放置していた昨年一月二十五日の交通事故の約二ヶ月後に植えた里芋の残りを掘った。ちなみに、私は小走りできるくらいに回復している。車も購入し、八月八日から運転は再開している。自然界のありがたい恵みに感謝しつつ、命あるものを大事に大事にいただきたいと思う。

昨年は前半の五ヶ月間ほど歩行が困難で、周りの方々にかなりお世話になった。助かった命を大切にして、今年はもっと楽しい一年にしたいなと思う。

ピアノ調律の日

二〇一九年一月十六日の日記より

今日の午前中は一年に一回のピアノ調律の日だった。調ったピアノの音で弾くことで、同時に私自身も清められたかのようだった。午後からは楽器店にやっとゆっくり立ち寄ることができた。ごく最近、たまらなくなり約四年ぶりにヴァイオリンを引っ張り出し、『カノン』などいろいろ弾いてみた。まだ手の感覚が覚えていたので良かった。

今、躍動感と共に少し興奮しているのだが、私の二十年来の夢は書籍出版の他に、以前、電子オルガン（足鍵盤付きのものをいう）用に作曲したもの（数曲あり、アルバムに収めてある）を、交響楽団用へ編曲し、演奏してもらうこと。本当にそうなり、楽団で演奏されている場面は、二十年ほど前に夢で二回ほど見ている。そこでは外国人のソリストさんもいた。それについては、以前の著書の中にも書いてあるのだ。

夢は実現するためにある。叶えるためにある。私の中では、その期限が近づいているのを感じている。私は楽器を奏でるために生まれてきた。音楽は言葉の理解、国境を越える。こういったことを通して、今後も周りの方々と交流していきたい。そういうわけで、夢に近づく第一歩として、まず総譜の書き方について、少しずつ読んでいこうと思う。ちなみに、白山比咩神社にて、十二日（土曜日）の仕事前に息子R君と初詣でをした。まだ人がたくさんいた。

R君（高校二年）はこの土日は登校日（模試）だったので、二日間とも普段通り朝早く起き、私は今日の午前中は横になって、しっかり寝てしまった。お陰で今はわりとすっきりとしている。来年はセンター試験本番なので、あと一年を切っているのだなと思った。

将来、やりたい研究や職業に就くためにも、気持ちを引き締めていきたいものだ。

二〇一八年二月二十七日の日記より

心機一転のとき

身の回りの出来事がとてもスピーディーである。決まるものは、タイミング良くすぐに決まる。

二十五日（月曜日）から半日勤務開始。二歳のクラスだ。公園へ行って太陽光を浴びて、健康的。

「前からいた先生みたい」

「こちらが何も言わなくても必要なところへ……」

と言っていただけており、役に立っているようで良かった。


最終の勤務先は最初に勤めた幼稚園で、と何年も前から憧れていたことに気が付いた。海外へ行く前の、息子R君が年少組の一年間も、そちらの園でお世話になっている。懐かしく、大変感慨深く、ありがたい思いだ。


著書三作目のほうは、今日は担当者の方からお電話をもらい、いろいろと工夫や特例を入れて下さり、ゆっくりと一年半ほどかけて執筆&編集を進めていくことに決定。二〇二〇年十一月頃刊行予定である。私も書く気持ちが高まっている。

二十三日（土曜日）夜の、あるグループの集まりに参加したときに、プロのTさんという方に私もリーディングしていただけて、お陰様で何度も青森に足を運んだ理由などがより明確になった。そのことについても書きたいと思っている。記憶と感覚を頼りに、より突き詰めていきたい。

四月からの一日勤務開始前の三月二十九日と三十日は、R君と『小豆島・淡路島、瀬戸内二島めぐりツアー』（スーパーマーケットの優待券）へ行くのだが、三月二十七日は新宿の出版社へ『エンジェルノート　夢日記より』の三作目の打ち合わせに行く予定だ。本当に日々、ワクワクとドキドキがいっぱいで楽しみたい。

大好きなジャズを聴きながら

二〇一九年三月十日の日記より

今夜のメインは手作り餃子。大好きなジャズを聴きながら作っている。今、大片付けをしている。十年間のグループワークの大量の手作りプリントは、お気に入りの箇所以外は結構手放し、遠隔セッションの控えはすべて処分し、なんだかスッキリ。ちなみに、対面セッションの書いたものは、毎回、直接お渡しししている。

モノは少なくするほど、気持ちも空間も軽く心地よくなる。まだまだたくさんあるので、減らしていきたい。定期的にしてきたが、期限（？）があると進む。明日の幼稚園出勤が楽しみ。それと午後は個人リーディングなのだ。

四月からは、朝から十七時までの一日勤務なので、平日の十七時三十分以降と土曜日に音楽教室レッスンと透視リーディングだ。いつ掃除をするのかなどのタイムテーブルをきっちり書いてみようと思う。目標は週一日休み。原稿は少しずつでも書く。

§2　家族への思い編

セクション2では、小学六年生から高校生にかけての成長した息子R君のこと、親子間の何気ない日常のやり取りや夢の中の話について。二〇一八年三月半ばに倒れ、入退院を繰り返している父親のこと。これまでの意思疎通が難しかった父親との関係について、葛藤する思いとその理由についても触れる。

それと照らし合わせるかのように、元パートナーであるR君の父親との関係について回顧し、今に至るまでの苦労してきたこと、数々の交錯する思い。その中でめげることなく、ただがむしゃらに『今』を生き抜くために突き進んできたこと。親子三人揃って暮らせたのは、R君が就学前のオーストラリア滞在時までのとても短い期間だった。『家族』というテーマを中心にまとめた。

息子R君の金沢検定初級合格……………………………二〇一三年十一月二十七日の日記より

息子R君（小学六年当時）が小学生では久しぶりの金沢検定初級合格（小学生合格者二名のうちの一名がR君）だったということで、ピアノレッスンの合間の時間にテレビ局の取材があった。レッスン後も新聞社の取材を受けた。テレビは皆さんにお知らせできなかったが、十八時十五分からのMRO北陸放送に映っていた。明日の北國新聞朝刊にも掲載されるのだ。そして先ほど、十九時半に、私が二十代前半に勤めていた幼稚園と主任先生（当時）が『ナニコレ珍百景』の番組に出ているのをたまたま見たところ。広報委員会に大遅刻だ。

※金沢検定とは、金沢に関する歴史や文化・産業など、様々な分野から「金沢通」の度合いを認定する検定試験。同年八月のジュニア検定（五十問／四十五分間）に、同じ小学校に通っていた小学六年生全員が受験。R君は満点に近い点数だったため、一般向けの金沢検定（百問／九十分間）を市から勧められ、受けたのである

胎内への語りかけと、これまでの本の読み聞かせ……………二〇一四年六月十日の日記より

息子R君（中学一年）がお腹にいた妊娠六ヶ月から語りかけてコミュニケーションを取り、その後、生後七ヶ月から本の読み聞かせを再開し、ずっと続けてきた（中学一年の四月まで、毎晩行っていた）。それがR君の本好き、国語力・読解力に繋がったのではと思う。また、小学生の頃は図書館に通い詰めでもあった。

恵方巻きと豆まき…………………………………二〇一五年二月三日の日記より

毎年恒例の恵方巻き、仕事尽くめの今回も作り、二〇一五年の恵方の西南西を向いていただく。美味しかった。息子R君（中学一年）に聞いたら、今年も「する」というので豆まきも行った。

R君「お豆、年の数食べたよ。お母さんまだ食べてないの？」

私「え？　何個だと思ってんのよ」

R君「二十四個」
私「そう……いい子ね～」
だったらいいんだけど。

県大会にて……………………………二〇一六年七月十七日の日記より

加賀市中央公園に七時二十分頃到着。試合開始まで、あと一時間近くだ。卓球協会の審判長などをしている母（当時）と現在、中学三年の息子R君の県大会の応援に来た。加賀市内に住むR君の祖父母をお誘いしたところ、祖父が来られ、二〇一三年四月の離婚後の小学六年最後の運動会（五月末）のとき以来、約三年ぶりにお会いすることとなった。
※R君は父親や向こう方の祖父母とは今も交流を続けている（二〇一八年十一月追記）

〈日曜日の県大会後の追記〉
R君は「負けて悔しかった。でも、いい試合だったと思う」と言っていた。

昨日の七月十九日で部活動を引退したR君は、二十日は午後三時半に帰宅。明日から夏休みなので朝寝坊注意報だ。

英語スピーチコンテスト本番…………………………二〇一六年十月八日の日記より

今日は九時から金沢市中学校の英語スピーチコンテストに、中学校代表で三年生の部に出場する。十五歳になってすぐの息子R君は緊張しているようだ。落ち着いて話せるといいね。

〈追記〉

R君は大勢の人の前だったが落ち着いて話せていた。会場では、R君の小学六年のときの担任の先生と、私の高校の吹奏楽部の同級生（他の中学校の先生をしている）にもばったり会えて嬉しかった。

最後の小・中学校合同作品展の出展……………二〇一七年一月七日の日記より

追記になるが、一月四日、作品展初日に私の両親と息子R君と私で見てきた。この『輝け!! 未来の巨匠たち』は毎年、小学一年生から書か図画工作、または両方で選ばれて出展。今、R君は中学三年なので今回は最後になるが、小学一年のときと同じく、書の参加で締めることができて良かったと思う。どちらもR君は好きだが、書のほうがより親しんでいるのだ。それは本人らしさが出ている作品だと思った。いよいよ、十日（火曜日）の新学期初日は私立高校の願書持参だ。

息子R君の私立高校入試……………二〇一七年二月一日の日記より

息子R君を受験会場まで送ってきた。インフルエンザ上がりで、一昨日の月曜日からスッキリとした様子で登校。まずは入試本番の一本目、落ち着いて受けられるといいね。

実は二晩よく眠れなかった私なのだが、お迎えに行った際に『〇〇高校受験会場』の看板を見て、私の母校名だからか、妙に安堵した。

試験後の車の中でR君は「数学以外は解けたと思うよ。二、三回ずつじっくり見直す時間もあった」と。それを聞いて、少し安心した。

いや〜、受験は親もこんなにドキドキするものとは、体験してみて初めてわかった。次に目指すは本命校である。土日は混むかなと思い、今日の帰りに公立高校提出用の証明写真の撮影を済ませた。

無心に手を合わせる……………………………………二〇一七年二月四日の日記より

今日のお昼の合間の時間に白山比咩神社へ参拝に行ってきた。昨夜、八百万《やおよろず》の神々の気配を感じ、『詣でてくるように』と伝わっていたのだ。

「健康で、笑顔がいっぱいの一年でありますように」と手を合わせ、もれなく息子R君の合格祈願という、普段はしないようなお願い事も少しばかりした。R君に何かお願い事をしたのか聞いてみると、「ただ無心に手を合わせた」とのこと。

本殿参拝後、白山奥宮遥拝所の鳥居のところで白山山頂のような空気を感じ、少し夏山が恋しくなった。

腰も大分調子が良くなってきたので、毎年の白山登山は今年も登拝できそうだ。今日、立春は白《しら》山《やま》さん（白山比咩神社の愛称）の初詣でとなった。

公立の本命校に無事に合格……………………………二〇一七年三月十五日の日記より

今日の正午発表で無事に息子R君は合格した。自転車で通えるところになり良かった。数ヶ月前から、台湾の街並みや、卒業生の八田與一《はったよいち》が造ったダムなどを修学旅行で訪れている近未来の様子が伝わっていたので、大丈夫なのかなとも感じていた。
※八田與一とは、台湾総督府の土木技師。台湾南部の農業灌漑を主目的として、烏山頭《うさんとう》ダム「別名、八田ダム」の建設を監督した人物
受験が終わったら行こうと言っていたコンサートに、久しぶりに親子で浸ってきた。イギリス人

の友人Ｊさんに誘われて、今日と同じピアニストの方の演奏を聴いたのは十八年ほど前のこと。変わらず、心ある感動的な演奏をする彼女だった。良かった。聴きながら、これまでの子育てを振り返ってみたりしていた。

高校の入学式……………………………二〇一七年四月十日の日記より

午後一時半からの入学式が無事に終わった。私もちょっとドキドキだった。公正、公平、伸びやかで、そして厳粛な雰囲気も感じた。明日から毎日のお弁当作りをがんばろうと思う。

高校の保護者会&懇談会……………………二〇一七年五月十四日の日記より

昨日は朝から高校の保護者会と懇談会だった。あの高校に（私自身が）ついていけるのかなど少し緊張したりしていたが、懇談会の頃には皆さんの和気あいあいとした感じや前向きな印象などを受け、なんだか安心した。

まるで、中学校の続きのような雰囲気なのだが、何よりも保護者の出席率の高さに驚いた。息子R君も入学して三日目には楽しいと言っていたので良かった。この間の連休は部活動続きで、六日、七日は大会。勝ち進んだため帰りが遅くなり、課題が大変そうだった。加えて、大会前は七時から朝練だった。早くも今週は火曜日から四日間も中間テスト。

この土日は久しぶりにお休みだったお弁当を作りながら、心の中で（声掛けもするが）応援したいと思う。

早くも中間テスト……………………………………………二〇一七年五月二十一日の日記より

少し前までツツジがきれいに咲いていた。今朝は、全国高校相撲金沢大会に高校から四名出場で（相撲部はないが、野球部などから出場）、一年生は全員観戦ということで息子R君を卯辰山まで送って行った。帰りは迎えに行きがてら金沢21世紀美術館で待ち合わせして、先日に行った恩師や友人の水彩画グループ展の最終日へR君と行ってこようかと思う。

今朝はお庭の茄子が花を咲かせ、キュウリにも蕾が。ミニトマトの緑色の実も二つ見つけた。先週水曜日はR君と野外テスト勉強に午後から獅子吼方面へ。あの水彩画展初日の翌日のことだ。レストランの裏の木のテーブルにて。座って間もなくのこと……。

R君「わっ!」

私「ん? 木の実が降ってきたのね」

その後……。

R君「うわ~蚊がいるよ。どこ行った? そっちそっち~」

私「大きなシマ蚊~」

R君「やっつけたけど、(新しい)電子辞書が汚くなった(蓋のところで叩いたので)」

さらに数分後……。

R君「うわぁわあああ~~~っ」(椅子から下りて、向こうへのけぞる)

私「(今度は何?)あ、毛虫の赤ちゃん」

絵筆の袋に這わせて木に放してやった。

集中できたのか、できてなかったのかよくわからなかったが、風も強くなって寒くなってきていたので帰ることにした。ちなみに、私のほうには何も降ってこなかったが。

さて、高校に入って初めてのテスト結果は如何に。

私はさっそく、スケッチをしていたのだが、風景画は久しぶり過ぎでリハビリが必要なほど。というか経験も浅いのだが。時間切れで、色塗りは少しだけして、あとは夜にR君がテスト用の課題をしている横で続きを描いた。

部活動の大会続き……………………二〇一七年八月二十二日の日記より

一昨日の二十日（日曜日）は朝四時台に家を出発した。

金沢駅から息子R君や部活の仲間たちは大会のため七尾へ向かった。なぜかどんどん勝ち進んで、ベスト4までいったらしいが、帰りの電車時間の都合で、あとは棄権して帰宅したのだ。なんだか、もったいないね。

R君は電車の中で、読書感想文推薦図書数十冊から選んだ一冊（短編もの）を三回読んだそう。

昨日は午前中に感想文を終わらせて、午後から白山登山の帰り（十三日）に借りたDVD（二〇〇

○年以前の洋画の感想文を英語で書く課題のため）を観て、夜までに終わらせる予定だったのが、読書感想文に一日かかり、夜九時から一緒に観て、夜中の零時前に返却しに行った。

夜中に洋画鑑賞の英語感想文を書き終えたR君。観たのは『スーパーマン』。私もまともに全部観たのは初めて。真実と正義のために、地球を救うために送られてくることになった異星人。スーパーマンみたいなことはできないが、大いに共感できるところがあり、意外にも面白かった。

土曜日の演奏＆トーク会では何をお話ししようかなと思い、今朝は久しぶりに著書を読み始めた。なんだか、映画の内容と同じようなことが書かれていると感じるところがあり、実にタイムリーな視聴だったと思う。

同時に私の故郷星にも思いを馳せてみた。だが、今の私のメインの居場所は地球なので、音楽を奏でたり、お話ししたり、気場調整などしながら、関わりを持ち続けていきたい。

それはさておき、お盆休み以外は部活動はあったものの、明日からR君は学校。お弁当も再開である。明日までの提出課題はまだまだたくさんあり（作文コンクール課題など）、どうやってするのかしら。本人が「読んでおいてほしい」と言うので、英文のチェックだけはしたが。

毎日のお弁当……………………………………二〇一七年九月十五日の日記より

ネタ切れになりそうになりながらの毎日のお弁当。息子R君（高校一年）は、昨晩は、いえ、今朝の四時まで課題にかかっていた。テスト直しに予習など。数学の問題を解くのに時間がかかるので苦労（？）している。月曜日だけ午前一時に寝たが、その他は三時就寝。私は気になり毎晩一時間か一時間半おきに目が覚める。眠い。

あの高校は最初からハイレベルの数学。R君にはベーシックが適切なのだが。でもあきらめずに解けるまでがんばっているようだ。今が踏ん張りどころかな。

応援できることは、ご飯作りくらい。手間暇かけるわりに、大したものは作れないが、家族（食事をする人）の健康を担っているのは、ご飯を作る人だと思うから。

食事をすること＝愛情を食べること、と誰かが言っていた。私の両親は元々健康志向で、例えば、母は私や弟が子どもの頃は、食事はもちろん、安全そうなお菓子を用意してくれていた。私が食品表示を見ながら買い物するようになったのは二十四歳のとき。その頃、浄水器も取り付けた。世の中に蔓延する現代の病。不自然なものを摂るから、そうなりやすいのではないかなと思う。

例えば、まだそんなに高齢ではない方の認知症にしても、長年の化学添加物（そういう薬を含む）の摂取で血液や神経の通り道が塞ぎかかって、末端まで信号がいかなくなっているからなのではなかろうか（これは、リーディング中に感じたこと）。

小さい子どもであればあるほど、遺伝的要素以外に、食事による気分と体調など（行動と、もしかすると性格形成にまで）への影響が出やすいのではないか。改良された種無しのものについては、高校生の頃に、これは本当に大丈夫なのか？　と思った。妊娠や胎内の子にも影響する気がした。

食品については、徹底することはしないしできないが、可能な範囲で選び、できれば楽しみながら作りたい。

息子R君の十六歳の誕生日……………………二〇一七年十月五日の日記より

今日は息子R君の十六歳の誕生日。小学校入学前の二〇〇八年二月に、二年近く滞在したオーストラリアから帰国して以来、R君との二人暮らしは九年ほどになる。それは同年七月に、R君の父親（オーストラリアにはR君が二歳九ヶ月からの四年近く滞在）が職探しのため首都圏へ単身で行ってしまったためである。もう追いかけることはしなかった。

家族が揃って生活した期間は短く、家族って何？　結婚の意味は何？　など葛藤していた数年間。なかなか会えない中の話し合いの末、R君が小学六年の春にピリオドを打って、その届け出をしてすっきりした面もある。

息子R君との会話……………………………………二〇一七年十二月二十四日

今回は息子R君が二十三〜二十五日に『万葉大和旅行』（高校からの参加希望者による）のため、久しぶりに一人でほわっと過ごしていた。すっかりお寝坊してスタートした今日。
数日前のこと。
私「日帰りでもいいから、京都かどこかへ行きたいな。でも、行ってもクリスマスイブでカップルとかいそうだしね。だからわざわざその日でなくても〜」
R君「何言ってんの？　そんなの関係ないよ。それにお母さん、いくつだと思ってるの。よんじゅう……」

私「わーーー!!　年齢は関係ないんじゃないの!?」

R君との二人暮らしは二〇〇八年二月のオーストラリア帰国後から十年目。ひとり親家庭になってから次の四月で五年になる。家族が揃っている家がうらやましかったり、様々な思いが交錯したりしていた。楽しいこともたくさんあるけど、やはり苦労もあった。ひたすら前進するのみ。

ずっと一人でというのは、気楽なようで実はさみしいものでもある。いつしか、クリスマスイブ（その日に限らずだが）に素敵な（?）彼と過ごしてみたいな、なんて思うようになってきたのだ。

この年齢になってではあるが、気持ちに寄り添って語り合える人が、人には必要だなぁと思う。明日は思いをこめて、演奏本番を楽しもうと思う。

冬休み中のこと……………………………………二〇一八年一月九日の日記より

新学期一日目。今日は休み明けテストの日。この三連休はゆっくりどころか、まるで修羅場のようだった。またまた息子R君の提出課題の話になる。いつもなら、英語と現代文辺りを先に終えているのだが、前例（夏休み終わりに二晩徹夜）があるので、英語課題の長文読解と文法中心の二冊を終え、早めに化学に私が付き合い、終了したのだ。

この間から私の母に、数学にかなり付き合ってもらい（小学一年から中学三年まで母の学研教室で三科目の丁寧な指導を受けていた）、昨日の夕食前に終了。あの大量の課題が終わったのは奇跡みたいなもの。合間に、R君は同じく大量にあった現代文の課題をこの前から進めていた。古典の多くを昨晩にやり、終了。午後十一時半を回り（本当は十一時には寝ていたい私だが）……。

私「じゃあ、お母さんは寝るね。がんばってね」

R君「まだ英語エッセイがある。（現代文が）まだまだ終わらないよ。エッセイやって～」

私「そういうすぐに終わるようなのは、冬休みの最初にやっておくのよ」

R君「うん……」

なんで私が英語エッセイの課題を!?　もう……しょうがないなぁ。三十分でやってやろうじゃないの！　と思ったものの、じっくりと読み直して確認していたら一時間かかってしまった。

中学三年生までは、宿題を手伝ったことはほとんどなかったのだけどな。夏休みの工作や自由研究で本を探したり、写真を撮りに行ったりという程度だったのだ。たまに、作文の書き方のことや、英語を少し見るくらいだったかしら。この話を実家の母にしたところ、「あら〜、私もさらちゃんが高校生のときに書いてあげたことがあったわよ」と。

そうか……同じことをしているわけだ。

三学期二日目……………………………………………二〇一八年一月十日の日記より

新学期二日目。冬休みの課題提出時のこと。担任の先生「課題が終わってない人は来なさーい」↓群がる生徒たち。化学をやっていない人もわりといたそう。お正月休み明けの部活動のときに「数学と化学しかやっていない」と言っていた部活動仲間は、いくらかしただけで、その二科目すら終えていなかったそうだ。やっぱりね。あれは夏休み課題並みの無謀な量よ。本当に普段から課題（宿題）の多い高校だ。

私「それなら、無理にしなくても良かったんじゃないの？」
息子「そんなことしたら成績に関係するよ！」
ごもっともな意見。そういうことなら、もっと早くに取りかかればいいのにね、と夏休みと同じ思いだった。昨晩はわりとよく寝たので、それが良かったかな。

雪の予報のため休校……………………二〇一八年一月十二日の日記より

新学期四日目。今朝は朝早く起きて、余裕をもってバスで登校しようしていたところ、高校はいくらか降ったくらいでも大雪（？）の予報のため休校になった。そこの小学校はしているが。一時間ほど前に、頼みもしないのに息子R君が「雪かきしてくるよ」と。いつまで経っても音が聞こえてこないし、車の雪も下りていない。しかも姿が見えず。何をしているのかな。

「雪かきはいいから、締め切りのある課題レポートとかしなさい」と言いに行こうとしたら……先ほど戻ってきて嬉しそうに画像を見せる。そこの北陸鉄道石川線（どんな嵐でも台風でもいつも運行している印象）のラッセル車を見に行っていたのね。

R君が「一緒に雪かきしようよ」と言うので、今からがんばるかな。

実家の父が倒れ、救急車で運ばれる……………………二〇一八年三月二十日の日記より

先週の十四日（水曜日）の深夜に引いたオラクルカードのユニコーンの意味は、左のカードから順に「①愛は恐れを癒す」「②皆同胞です」「③落ち着いて、大丈夫ですよ」という意味かなと思った。

※オラクルカードとは、天使や妖精、マスターの領域に精通したベストセラー作家であり、心理学の博士号を持つ透視能力者であるドリーン・バーチューによるメッセージカード。著者は二〇〇七年十一月にゴールドコーストにてお会いしている

その数日前から父が不調だったのだが、十四日の夜、母が部屋を見に行った午後十時二十分、父が血を流してうつ伏せになっており、救急車を呼んだのだ。救急隊が着いたときには瞳孔が開いており、病院で救急処置を受けて、落ち着いたのは午前二時半頃のこと。

検査の結果、肺に二種類の菌が入り感染したことがわかった。長年、父は玄米菜食中心で、健康

志向の食事をしてきたが、活動的でいろいろと引き受けてがんばりすぎてしまったからなのだろうか。もう一つの理由は、部屋が埃っぽいことだったのでは、と思う。また、おもに、ダンスサークル活動時の、頻繁な泊まりがけによる外食も気になるところだ。

私はまだ運転ができる状態ではないので、自宅で起きて連絡を待っていた。翌日の十五日（木曜日）は、茨城に住む弟と母と私（午前のヨガ教室のあとに自転車で向かった）は病院で合流。

確かに、父は一命をとり止めたあとという感じだったが、対面できて安堵した。回復が順調とのことで、その次の日のうちに他の病院へ転院。

十七日（土曜日）の面会のときは穏やかな様子だった。

父「あの世があるのを見てきて安心したよ。とても素晴らしいところだよ」

私「あぁ……行ってきたんだね」

そこは、私も生死をさまよった小学二年のときに行ったことがある。背丈の低いお花の咲いている、三途の川の手前の心地いい場所のことだと思う。

実は私は、土曜日の夜から昨日の月曜日の午前まで再び外の歩行がかなり困難な状態になっていたが（家の中では何かに掴まったりして移動可能）、今日は朝におうちヨガをしっかりめにやり、午前中にリハビリとお買い物に母に連れて行ってもらい、小股でそっとなら歩けるようになった。

これから、音楽教室前に母と、父の面会に行ってきます。


〈二〇一八年三月二十七日の追記〉

さて、十四日深夜に救急車で運ばれた父のことだが、三月四日のダンスサークルの会議で、朝から夕方まで、濃いコーヒーを大量摂取したことが原因だった。そこから五日間寝られず、体力が低下し、部屋が埃っぽかったこともあり、肺への細菌感染。経過は順調で近々、退院予定とのことである。

高校総体三日目……………………二〇一八年六月二日の日記より

今日は四日間の高校総体三日目。昨年は七尾だったので、初日は朝四時半起きだった。今年は高校の駐輪場から徒歩二、三分くらいの市の総合体育館なので近くて良かった。息子R君（高校二年）たちはがんばっているかな。

私は、今日は六ヶ月と一週間ぶりのヘアカットに行ってきた。食品のお買い物すら大変だったりしたのでなかなか行けず、今日は自転車で美容院へ向かい、ようやくさっぱりとした。

お庭の野菜たちは元気そう。里芋はまだ出てこないが、じゃが芋は十五個全部が芽を出し、葉っぱを広げている。ミニトマトとキュウリも楽しみ。何日間もしてきた実家の片付けはかなりやり、一昨日から休憩しているが、またそのうち再開しようと思う。今は自己の内奥を見つめ直し、いろいろと新たなるスタートのときという風に感じている。

実家の本棚にあった二十三年ほど前に読んだ本を次々と手に取って読み進め、感慨深いものがある。急がず、慌てず、滋養しつつじっくりと（ときにはあっさりと）、基本、自分なりのペースでいきたいと思う。

大学のオープンキャンパスへ……………………………二〇一八年八月九日の日記より

今日は大学のオープンキャンパスへ行ってきた。息子R君にヒットする研究室が二ヶ所あった。楽しそうでいいなぁ……なんだか私も入学したくなった。それはとても無理な話だが。

目標が定まって来たことで、夏休みの課題の取り組みもがんばれるかな。

二学期期末テストと父親のこと……………………二〇一八年十一月二十八日の日記より

息子R君（高校二年）は本日、二学期期末テスト一日目。二年生になってからはテスト期間中もお弁当持参で学校で集中して取り組んでいる。茨城に住む私の弟は、九月一日で三歳になった甥っ子を乗せて、二十二日（木曜日）の夜八時に車で出発し、二十三日（金曜日）午前四時に実家に到着したそうだ。

父に関する手続きのいくつかを行い（父の直筆のいるものやハンコなどに関して）、二十四日（土曜日）の夜七時に出発して帰途に就いたのだ。弟は大丈夫かな？（今年は父のことで何度も金沢へ来ている）

今年（二〇一八年当時）の三月十四日夜に父が倒れてから、何かとその辺りが落ち着かなく、不安なのだ。例えば、十一日（日曜日）のコンサート出演の日の朝は調子良さそうだったのだが（背中をさすってあげたりした）、午後から父の姉夫妻が来ていて、帰ったあとの夕方の五時台に寄ったところ、何度捕まえようとしても外へ出ようとして、母と二人で抑えるのは大変だった。

母が十一月十三日（火曜日）から再々入院した父（点滴をしていた）のお見舞いに行って、お話ができる日もあるが、不機嫌だと目も合わせないらしい。それは、この頃の自宅にいたときと同様である。先週の二十二日（木曜日）は誤嚥で片方の肺が炎症を起こし、顔にマスクを装着していたそうだ。

母には、私が小学六年の頃に父が病気をしてからは、不機嫌なところは出さないようにしていたようだが、私に対しては、ほとんどいつも不機嫌で、声をかけても反応があまりなく、コミュニケーションがなかなか取れず、意思疎通ができない人だと思っていた。普段、私をはけ口にしていた。小学四年の夏までは、機嫌によって叩かれ放題だった。二つ年下の弟も叩かれていた（それには、父が育った環境等の影響もあるだろう）。小学四年の八月の事故による脳内出血の直後もひどく叩かれ、父も何かを感じたのか、それ以来、頻繁には叩かれていない。現在、母に対してあのような態度を取るとは。父は自分を抑えて母に合わせるという無理を大分してきていたということなのだろうか。

この数年は、父はほとんどの週末を車で、静岡や長野、愛知などへダンスサークルの集いで出掛け、よくそんな出掛けて動きっぱなしでいられるな、大丈夫なのかな？　と思ってはいた。今年の春から会長に就任するところだったらしいが。三年前の七十歳の誕生日前の十月辺りに父が結成した金沢のダンスサークル（父は新聞社の取材を受けていた）も休止↓解散になった。

週五日ほどダンスの活動（指導のほう）をしていたね。夕食は、定年後は母と交替制で作っていた。お芋をふかしたり、花梨ジャムとか作ったりしていた。朝食のパンをいつも焼いて、時折、ピザも作ってくれたっけ。それも父なりの愛情表現だったのだろう。一番得意なのは、手作りシュークリームだ。

二十数年前の、私の就職先（父とはダンスサークル繋がり）へも持って行った。

大体、昨年の七月末に、あの公営住宅（R君が小学校入学後の二〇〇八年七月からの約九年間住んだ）を出た辺りから、父との関わり方が徐々に、少しずつではあるが良くなってきたなと感じていた矢先、救急車を呼んだ今年三月十四日のことなのであった。

そうそう、一月二十五日の事故の辺りからも、少し私に優しくなったと感じていた。

今年二月半ばの大雪の日に、お米十キロと灯油を運んでくれたのはありがたかったな。あれが、そういうことの最後となったようだ。

父は電子機器が得意（会社ではパソコンのディスプレイなどの作業をしていた）で、こたつのコードが接触不良になったときは、入／切の切り替えは付いていなかったが、あのときは大急ぎで直してくれたっけ。寒すぎる冬だったからすぐに直してくれたのかと思ったのだが、あれは倒れる数日前のことだったと振り返る。

父が倒れた日は、その三時間ほど前の午後七時頃に学校帰りのR君の目をじっと見て、「お空へ帰ってしまうかもしれない」と言ったそうだ。

二〇一八年十月半ば（二度目に退院した七月三十一日からは家にいた）は調子良く、話しかけてくるときもあった。

父は「交通事故だったね」（二〇一九年一月二十五日のこと。私は右座骨神経痛と両方の腰椎などが圧迫されたことにより、五ヶ月ほど歩くのが困難になっていた。車が廃車になったほどの衝撃だった）と思い出してくれたんだというときもあった。

今、私にできることはなんだろう……と思案中である。気持ちの整理をしていきたい。

〈二〇二〇年一月十二日の追記〉

父は八ヶ月ほど前に退院し、その後、週二回デイケア（二〇一一年三月末でいったん卒業した）に通っている。だんだんと回復していけたらと思う。二〇一九年十一月で七十四歳になったところだが、まだ老人性の病気ではなかったようだ。

テスト期間中もお弁当持参で……………………二〇一八年十二月二日の日記より

今日は日曜日で、明日は息子R君は二学期期末テスト四日目である。全部で五日間あるのだ。テスト中は早く帰れるのだが、家に帰るとだらけてしまうので、二年になってからはテスト期間中もお弁当持参で、学校に残ってテスト勉強するR君だ。私は今、手元にある文章をできる範囲でまとめつつ、二十四日の音楽教室のミニ発表会&クリスマス会の準備と練習に本腰を入れていかなくてはというところである。準備を万端にして楽しみたい。

また七尾で大会……………………二〇一八年十二月二十三日の日記より

いよいよ明日、二十四日が発表会の日（音楽教室は一九九六年四月開室）。まだまだ準備と練習中で、気持ちが落ち着かない。

息子R君（高校二年）は、今回は親子連弾のみで出演するのだが、今日は大会で朝五時半の電車で七尾市へ向かった。私のオリジナル曲は『夜空のきらめき幻想』と名付けた。皆様のご協力のもと、明日は楽しみつつ、なんとか行いたい。

§3　夢・宇宙編

夢の中の話。十五歳からの浅い睡眠時の体外離脱中の出来事の記憶の数々。

そばで見守ってくれるスピリチュアル・ガイドの存在。

どこかユニーク（？）な宇宙船内へ通行するためのＩＤカードについて。宇宙医療センターの定期健診及び宇宙銀河ファミリー等からのメッセージについて。

その他、その時空間に登場する住人との対話や星間の情景・景色などについて触れていく。

★いくつかの次元の層を抜けてゆく——一九九五年七月十三日の日記より

まず、朝の六時に目が覚めて、次に六時半頃に再び浅い眠りに入った。〝よしっ〟と思い、アストラルトリップをした。いくつかの次元をものすごい速度で通過。次元間のいくつもの層を超えた。横で男の人の話し声がした。

それはまるで、自分の思考の中でなされているかのような感じだった。銀河系なのか……星々が見える宇宙空間へも飛び、やがて、景色のあるところにたどり着く。ここは訪れたのは二回目だ。前回は人々が話したり、歩いたりして行く中を、私は宙に浮かんで見ていたが、今回は、地に足が着いていた。

そこへ着いたとたん、そばのスピリチュアル・ガイドさんは女の人になった……と言うか、私に話しかける声が女の人のようだった。

次に、私は大きめのふさふさの犬にまたがる。降りてから、乱暴なほうの犬にもまたがるが、私は「本物はあっちかー」と降りて、そちらへまたがる。周りの景色についてうまく説明できないが、白っぽく、穏やかな感じ。山、お花畑、道。

男の人と女の人と、二人の守護ガイドさんから話されたことを、私は「うんうん」と聞いているうちに、気持ちが落ち着いたと同時に励まされた。

それから、次の場面ではある駅のようなところ。一つのコンクリートの建物の中で、スケートボードのようなものに乗って移動していた。それから、そこにいた背広を着た四十代くらいの男性とも話をする。これまた、内容ははっきりと思い出せない。北陸三県の情報誌である〝○○〟に載っているとか何とか……。

そして、体へ戻りそうな感じになったので、私は「じゃあ、そろそろ帰ります」と言い、誰もいないのが確認できる場所まで移動してから、テレポートした。来た道をたどったようだったが、これもまた、あっという間のことだった。そして、朝の七時頃に目を開けた。七時二十分までボーッと横になっていたわけだ。あれは、第四世界のことなのか？　地球外のこと？　まさにアストラルトリップなのか。

朝、ボーッとしてぼんやりとしていたが、行ってこられて良かった。もっと内容を思い出せると良いけど、〝話〟がきちんとできたのだ。

そこの〝駅〟で時計を見ていた。着いたとき、そこでは午後四時半くらいで、帰るときは六時半近くだったかと思う。

昨夜は、第三チャクラのところがポワーッとなっていた。まるで、こちらの世界が夢のようでもある心地だ。

★夢見の状態と体外離脱中の出来事

―――一九九九年十二月三十日の日記より

久しぶりのトリップで嬉しい。回答を得られたという感じでスーッとした。足から腰（下半身）が何度か持ち上がり、次に上半身を起こしたところ、ピンッと折りたたみ椅子のバネのように跳ね上がり、身体から出た。しばらく、部屋をグル～グル～と漂い、やがて、そこから出て、異次元空間へワープ。

うわあ、どこへ行くのだろう。大丈夫かな……体験についてちゃんと覚えてこられるかな、と思いながら目は開けて行った。夜空のようなものが見えた。ミニライトのような、星のような瞬きが。

そして、どこかの見慣れた部屋に着陸。その隣は明かりの点いている部屋だったみたい。ロビーのような部屋のそこの壁には二、三面にわたって額が掛けられており、小さいサイズのものがたくさんあった。しばらく眺める。横長の白い椅子の左側に、次の瞬間、私は座っていた。私は立ち上がり、歩いてみる(その前は飛行していた)。

ロビーの向こうのほうに何人かいて、通りすがりの人や話をする人などがいた。白い建物に白い洋服のイメージ。ここでふと、横を見ると、パートナー(のような姿の存在)も到着した様子。

「忘れちゃだめだよ。ここで見た体験を覚えて行かなくちゃ」と私が言う。

彼は「う、うん」と返事をしていた。

そして……次に覚えていることは、周りに人々がいて、「何? さらちゃんの演奏会があるの? それは、聴きに行かなくっちゃー」と言って集まる。会場はたくさんの人だった。

やがて、周りの視界が薄く、うすらぼんやりとしてきて……こちらの世界へ戻った。私はこちら(地球)の住人だが、それだけの存在ではないことを確認できて安心した。

その他の夢を思い出したいが、よく思い出せないな。もしも、その記憶を維持しているなら、こちらへ帰ってこられないほどの何かがあったのかもしれない。でも、戻ってこられた。

私の母のような人がいた。その人と他にもう一人がいた。トリップしていった。最初、ボディを一枚だけ脱いだように重ためで、フラフラとしていた。これは、アストラル体ということかなと思った。

次にもっとトリップして（ボディをさらに脱いで）いった。それは今、この三次元の次に一枚脱いで、その次にさらにもう一回離脱するという、大きく分けて二段階があったということを覚えている。もっとたくさん脱いでいたりして？　いや、多分二枚だったのだろう。戻りも、まずアストラル体の次のエーテル体から、アストラル体（これは、かなり物質に近い状態だが、飛行することもできる）へ戻る過程を経た。


そして、そこでの人生（？）の一幕みたいなものも体験したのか、それを垣間見ることができた。それはかなりリアルだった。それも、こちらと同じように、実際の体験なのだ。別の三次元上のものと捉えることも可能だが、おそらく、あれは四次元以上のものだろう。ここ（三次元上）では体験が濃密で、そちら（四次元以上）はより精妙で、物質世界やアストラル界のように重たくない。軽やかで、身軽だ。

身近な普通の〝夢見〟の状態は、大抵、すぐお隣のアストラル界の体験なのかもしれない。そこは一番、三次元に近く、思考によって創り出されやすい世界だからだ。さらに向こうのエーテル界へ行っていることもある。

また、可能性として、他の三次元上の幾つもの人生の一部・一場面を見ていることもあるだろう。夢の構造について少しわかってきた。普通は、夢の中のことがおぼろげになるばかりではなく、その移行の過程というものを人は忘れてしまっている。しかし、私は普通に言う〝夢〟と〝夢〟の間の出来事についても覚えているというわけだ。

ところで、ここにいながらトリップなしで見るだけのユメというものもあるのだろうか？　アストラル体の状態でユメを見ているように。それは、もっと浅い夢見の状態を指すのだろうか。それらは、いわゆる夢というよりも、よりリアルな体験だが。

移動によって、次元が変わっていくにつれて、より精妙でリアルで、別の自分が何人も同時に存在しているかのようだ。

★地球へ来ることを志願してきた勇敢なる者 ——一九九六年十二月二十三日の日記より

感動の一つひとつを大切にしたいと思う。子どもをはじめ、他の人の良き理解者でありたいと思う。一緒にいて何かのやり取りをしていても、ただそこにいるだけでも、和らいだ気持ちになったり心安らぐような存在でありたい。

そのためには、自己発見が欠かせない。本当はね、誰とでも和解したいのだ。自分から心を開こう。だけど、ときには判断して、霊剣も必要な今だよ。本当は持たなくて済むといいのだろうけど。

〝私は勇敢なる者で、地球へ志願して来ました。愛と正義感と勇気を持った存在なのです。幾重なる自己存在の一員として、地球から何億光年も離れた他惑星からやって来ました〟ということなのか。

「私はもう大丈夫、もう、つまずくことはない」……などと言いながら、何度つまずいてきたことか。大抵、どのような体験も必要なことだと思うが、きっと、またやってしまうのだろう。だが、覚醒し続けようとしていることに間違いはない。それは確かなことだ。

★マインドは一つ　――一九九九年十二月二十四日の日記より

日付が替わったところ。今、何かのエネルギーがパアーッと入ってきて〝許そうよ。すべてを許そうよ、自分も含めて…〟と聞こえた。なんだか、とても感慨深い感じがする。

〈零時過ぎの記録より〉

「マインドは一つ。マインドが一つになるんだ。全世界の、全宇宙の……愛ある皆さん。愛すべき人はあなた方です。互いを愛し合いなさい。出会うべくすべての人とそうしなさい。これが掟です。掟なのです」

「掟なるものがあるとすれば、それは、愛への奉仕です。愛はあらゆる姿・形を纏って現れています。それが憎しみだったり、悲しみだったり、ときには偽りだったりと様々です。それらは皆、愛が変化したものに過ぎないのです。愛の他に一体、何があるというのでしょうか」

「いいですか。あなた方はただ一人ではないのです。あらゆることを事実として、受け止めなさい。今後、起こるであろう（すでに起こったことも含めて）どんなことも見逃してはなりません。すべて、意味のあることなのです。いつも、あなた方が、神と呼んでいる存在、すなわち壮大なる〝宇宙〟の計画のもとに、あなた自身のプログラムのもとに成立します。あなた自身だけの問題ではありません。地球上へ来ている誰もが、肉体というボディを着用し、転生のサイクルを営んでいるからです。中にはカルマ的なこともあるでしょう。しかし、あなたの場合はほぼ、消化していると言えるでしょう」

「今世の在り方が（正確には、いつも『今』であり、わかりやすく言えば、複数の転生がいくつも重なり合い、同時進行中と言えるだろう）すべてに影響していると大いに言えるからです。なぜなら、今のあなたはこの時期の地球のみならず、同時に宇宙におけるサポーターだからです。だから、今のように記憶のベールが剥がれ落ちてきていることは、とても重要なことなのです。あなたは、多次元性ということを、とてもよく理解しているでしょう？」

私「とてもかどうか、わかりませんけど……」

「あなたは常に体外離脱体験によって、それらを認知し、記憶回路を保持し続けているのです」

私「はい、それではなぜ、ここにいるときは疲労を感じたり、不平・不満の気持ちが多くなったりするのでしょうか？」

「焦ることはありません。今の地球上の状態では、無理もないことです。どうしても、次元間の違いもあり、すでに気付き始め、睡眠中に仕事をしているサポーターの人たちには、圧力がかかってしまうわけです」

私「もっと大勢の人で、分担できるようになるといいわけですね。私自身、こちらで言う現実だけであくせくしているというのに」

「あなたが大いなる存在だということを思い出しましょう。そして、何も慌てることはないのだということです。創造的活動は自分で起こしているということを忘れていませんか。今、実際に行動する中で、自分の身の回りで起きていることについて、もう少し、焦らず慌てずに、見守るようにしてみるといいでしょう」

私「ありがとうございました」

「何を自分で起こしているのか、何をやっているのかということを。そうしていくうちに……すでにあなたはこれらをやっていて、始めているのかもしれないということです」

私「はい」

「もちろん、それは、あなたなのですよ」

★霊性の目覚めとは

――一九九九年一月十二日の日記より

あることの実現について、そうできるとすごくいいのだけど。なぜか、それが現実味を帯びて起こり得ること。間違いなく起こる真実として、私の中へスーッと入ってきて受け入れていた。そう感じた。そういえば、しばし忘れていた感覚であり、少し、思い起こすことができて良かったというわけだ。

私が思い出し自覚できるよう、ある友人が言ってくれたんだね。いつか実現するのだろう。正直に言うと、今は戸惑いを感じているけれど、そのように導いて下さい。

またニューエイジ？　へ乗り出していくこと。これまでずっとそうだったと言えばそうなのだが、何かが不安なのか。これらは一体何なのだろうか。元々は、このような不安はなかったはず。以前よりも、そういった様々な現実世界について知ってしまったからなのだろうか。

より安定し、バランスのとれた状態においての、さらなる霊性の目覚めは可能だろうか。あらゆることにもう一度、意識を向けてみようか。あらゆる高次元存在及び領域にも。それは、幾領域からもなる、次元時空に向かってということ。いかような領域をも司る存在として。

私などにそのような資格や権利なるものがあるのだろうかと思ってしまう。なぜなのか？　そういう思考は必要ない。手放して良いようだ。

〝よりシンプルになって、素朴でナチュラルでいましょう〟

それでいいんだ。ただ、それだけでいいのだ。もう一度、心を開いて。もう、閉ざしていることはない。もう、そのまま少し開いている状態から……よりオープンに。もっともっとオープンにね。

私流に思うこと……より正確な情報を受け取りたい。自己を通して直接受け取るものが、何よりもより正確で安心感・安定感のあるものなのだと思う。ときとして、他の方とのやり取りや交流も大事だが。極端に言えば、他からのものは、私には当てはまらないという言い方もできるだろう。だが、接点が合うことだってある。いろいろな捉え方があるわけで、結局、どこかで繋がっているのだろう。自己を通した感覚が合っているということ。各々の人がそうかも知れず、それぞれが思いを表現することによって、本当はまとまっていく感じがする。直感による行動なり、関わりが重要なのだ。

いろいろな次元時空が存在する宇宙において、どことどれだけアクセスし合えることになっているのだろう。まさか、それら全部と通じ合えるような人は『人』としては存在していないかもしれない。全存在は、何らかの形で元々繋がっているのだろうけど。

★『黎明』という本 ――――――― 一九九九年七月十二日の日記より

今、『黎明』（葦原瑞穂著、太陽出版）という本を読んでいる。構想二年、執筆期間十一年と四ヶ月という超大作もの。半分と少しまで読み進めたところ。

ところで、私は何者なのだろう。私の起源とは何なのだろう。知りたい、知りたい、知りたい。書く曲の傾向からして、それは様々だろう。私は地球の長期滞在組（？）なのだろうか。

しかし、アストラル（次元層の一つの言い表し方をするところ）での表現などを得意としているということは、そうではないということなのだろうか。

※どうやら、それは、今世以外にも度重なるトレーニングを数多くこなしてきたからなのかもしれない。また、地球滞在（転生回数）がとても多いわけではないこととも関係していそうだ（二〇一九年七月十五日記）

何らかの情報源にアクセスして、音を創り出しているのか。書き取ることによって、アカシックレコードや集合意識の様々なチャンネルから引き出すことが、私の役目なのだろうか。自分の役を見つけたい。全体の繋がりの中の一パートを。

どうか、私の居場所を教えて。私の心の居場所を。いくら、三次元という枠組みの中の地球に住んでいるとは言え、何らかのパーソナリティーばかりを演じるというわけにはいかないのだ。

真実はどこに？　内なる、内在する、内的かつ、全体で繋がる……ということは？

様々なことが大切な中で、私のなすべきことは主として、曲を書いていく、すなわち、音楽することの他にはあるまい……そうなのだろうか。

どんな風に、どれだけ、どこまでの段階で、より確実に完成度が上がったと言えるのだろうか。

ある程度の仕上げの段階は如何に？　音を司ることが私の才能であり、天職なのか。より内奥を通して、真なるものを引き出し、あらゆる表現をしていけるといいと思う。

長い道のりのようだが、やることをやって、できるところまで全うするとまでは言い切れないがそうしたいと思う。

★伝わってきたことより――一九九八年三月二日の日記より

魂レベルでどうしたいのか。魂レベルでは、皆が共振し合える。どのような姿形をまとっても、変えても。本来はそうなのだ。

迷うことなく、自己の内面を通して、その自分の感性でもって、感ずるままに行動しなさい。

行動するのは、あなた方人間として転生した者たちではあるが、私たちは、できる限りのサポートをしたいと思っている。何をどうすることが、今後にとって大切であるのかということ。今後の地球にとって、人々にとって、どう在るのかということについて。

また、どのようなパートナー性を持っていくのかということは、とても重要となってくるのだ。

一つひとつの行動を起こしたあとは、その都度、私たちに委ねよ。そういう意味で、波に乗り続けるということ。あなたはこれまでに、幾度もの情報を受け取ってきたが、それは、とても貴重な感覚によるもので、送り手の私たち側としては、嬉しいことなのだ。

さあ、現時点での答えは一つ、もう目前としていることがある。それが何なのか見えているであろう。さあ、行動を起こしなさい。これは、あなたの霊性を助けるための一つの試み、実は試験的なことに過ぎない。それは、とても大変なことのように思われることかと思う。ところが、捉え方によっては三次元上のどのようなことも、この広大なるスケールの宇宙観によると、それはさほどのことではないとも言えるだろう。

しかし、この一件は、パートナー性という観点において、とても重要だ。見逃せないことなのだ。それから、あなたはもうカルマのサイクルにはまっているわけではなく、この域を超えている。私たちがついている。自信と勇気を持って行動せよ。

これはもう一度言うが、その世界のことは「お試し」に過ぎない。あなたがこういった状況を選んだことにも訳があるが、私たちはあなたに、あなた方に、声援を送りたい思いだ。

★体外離脱と異次元空間 ——一九九八年五月三十一日の日記より

久しぶりの体外離脱だった。まず頭からすーっと出て、足から前方へ出て、そして斜め上へ飛ぶ。周りは黒や灰色。薄暗く目を閉じているような状態。今日は随分とお臍の辺りから出ているシルバーコード（身体とをつなぐ生命体のための紐のようなもの）のことが気になった。これを認知したのは初めて。お臍の少し下辺りかもしれない。肉体と繋がっているのだろうな。まるで、だぼんとしたゴムのよう。大抵は緩やかなんだけど、たまにピーンと伸びたようになっていたりする。

え、これって確か……切れたりなんかしたら、帰れないいんでしょ!? それは滅多にないことだけど、と少々不安にもなってしまったが、そのまま信頼していくしかなかった。私の左肩側には、両手で私の手をしっかり握ってくれている存在がいた。この存在には私の中でめぐらしている思いなどが全部聞こえているのだろうな、と思考していた。

足元にある保護プレート（板）を途中外したまま、少し飛んでおり、それに気が付き、足を伸ばして足の下へ持ってきた。飛んでいる間、私（私たち）の周りを光の保護膜のようなものが覆っているようだった。長い長いシルバーコードの周りにも。

それと、他にもう一人がすぐそばの右斜め前方にいて、私のことを誘導してくれているようだった。あれは、地球からの体外離脱者用の異次元空間（その連絡通路とでも言おうか？）なのだろうか。

しばらくしてから、私は「宇宙からの地球やきれいな星々が見たい」と言った。しばらくしてから、星々が見えた。その後、ある星へ接近↓大気中（？）へ入って……少し赤みがかったオレンジ色。右手前方に赤やオレンジの大きめの光。その星の上を低空飛行。向こうに緑・青・黄・オレンジなどのポウッと、一つひとつが丸みを帯びた光の玉。それらが少しずつ重なりまとまり合う光景。「あれ〜、地球を見ようと思ったけど、地球のような星へ降り立ったみたい」と私が言うと、そばの人が「ここは昔の東京です」と言ったような気がしたが、強いて言えば、現代の東京ではなく、単にその場所に当たるところなのか？（違う次元空間から眺めているのでは）と思った。

それは、私の勝手な解釈かもしれない。あのいろいろな光のフィールドは、次の次元レベルでの、新たなる生命の息吹による波動かもしれない。未来は存在するんだ。地球の未来はあるんだ。そうだと思ったものの、それはこうやって同時に「今」に存在しているということなのだろう。私はそれを垣間見ているだけ。

★スピリチュアル・ガイドさん――一九九九年三月九日の日記より

少し眠くなり、気が付くと午前十一時から十二時半まで寝ており、電話で目が覚めた。今のスピリチュアル・ガイドさんは大きな人だった。前のかわいい少女風の人ではなかった。とにかく、さっき私のそばでフワッと包み込んでくれて話をしていた人がそうだった。

誰だったっけ？　うちの家系の顔ではないな。少し赤っぽい色黒でアジア系のよう。

それが少し意外だったが、落ち着いたような温かみを感じる方だった。手をしばらくつないでいたが、両手でだき抱えることもしてくれた。どこかの通路を通り、薄暗いところ。階段というか、細めのスロープを上り、やがて外へ出る。人工的な造りのような丘やガーデンがあり、着色してあるような色合いに見えた。こちらの地球とはどこか違う。

結構長い時間、その存在の姿を見ることができていた。

その存在は「このようにあなた（あなた方？）と関わることは光栄ですが、ときとして、このように親密に関わることがゆき過ぎた場合、リスクを被ることがある。私の存在自体が危うくなることがある。それで……これをあなたに渡しておくことにする」と言って、大切な大切な書を渡された。

それを手に取ったあと、少ししてその存在は薄れて見えなくなった。でも、左手をつないでいる感触はまだあった。そこにいるんだね、と思った。元々（すでに）光体化しているものの、気配は感じ取れるのだから。次に両手で私のことをだき抱えてくれていたっけ。

私自身の演出は、少しは慣れたかな。しかし、こんなこと（日常の生活は大切だけど、その中でどうしていくのかということについて）ばかりしているわけにはいかないだろう。人々の意識状態はどのように（どこまで？）変化しつつあるのか。意識場はどんな感じなのか。これからは一人ひとりがリーダー的存在とも言えるのではないだろうか。

あ〜、人間やるのって、成り切ることって、やはり難しい……。ときどき、そう思う。

★マカバの通路を活性化せよ ――二〇〇四年十一月九日の日記より

午後七時四十五分（知人Yさんのヒーリングサロンにて）、なんとなく目を閉じていると……言葉が伝ってきた。

「我らが我らなるものはエジプシャン。今、ここに集え。マカバの通路を活性化せよ」

見えてきたのは、マカバのマーク✡に人体が入る図（レオナルド・ダ・ヴィンチが描いた『ウィトルウィウス的人体図』）。

※マカバのマーク✡とは、天に向かう地のエネルギー△と地に向かう天のエネルギー▽が融合したもの（『[超図解] 竹内文書II天翔《あまか》ける世界天皇《すめらみこと》、甦るミロク維新とは何か』高坂和導著、徳間書店）。マカバ（Mer-Ka-Ba）という言葉は、古代エジプト語からきた三つの音から構成されている。「マー」はエジプト第十八王朝中にのみ理解されていた特定の光を意味している。それは同じ空間に存在する二つの光のフィールドが、ある特殊な呼吸パターンによって動かされ、逆方向に回転しているものと考えられていた。「カー」は個々のスピリットを意味し、「バー」はその特定の「現実《リアリティー》」に対するスピリットの解釈を意味していること等……これはスピリットの肉体

（またはその人の現実の解釈）を一つの世界や次元から、別の世界や次元へと移動させられる乗り物である（『フラワー・オブ・ライフ古代神聖幾何学の秘密　第一巻』ドランヴァロ・メルキデゼク著：脇坂りん訳／ナチュラルスピリット）

そうか、真新しい（……というか、古代からの知恵ではあるが）情報系へのアクセスが、そろそろ必要だということ。今一度、エジプト系のルートを。そのような時期が来て、準備ができている。今、ここにフラワー・オブ・ライフなるものの目覚めへと向かわん。

続いて、伝わってきた映像である。……砂漠の中に数々のピラミッドとスフィンクスが見える。その中の大きいのは、ギザのピラミッドだ。そして……茶色の長いウェーブ髪の老人が現れる。その方は、神託を受ける人。右手に杖。左肩にワシ。この方は、今世で会った人の中で現すなら、誰のことだろう。私のことではない。

その老人が言うには……星の配列がとても大事だということ。地軸の傾きとの関係、公転周期などについて。ピラミッド内に星の観測のための部屋があり、昼と夜が繰り返される映像。星を見る人が誰かいて、その他に、もう一人いる。それは、私のようだ（そこでは、男性である）。

イヌワシ座というのは、あるのか。それは〝大犬座〟など、犬のつく星座と関係があるのか。それから、ヘビ使い座との関係は如何に？　エジプトはシリウス星との繋がりが強い。

しばらくして見えてきたのは……そこは一五二三年頃。サハラ砂漠を、ラクダを引いて渡り歩く男性のエジプト商人。ターバンに白い服装。そこでは、神殿に勤めているというような風格ではなく、また別の人格存在のようだ。

今日は、私にもエジプトの過去世が思い出した範囲で二回あったことがわかった。ある意味、とても深く関わりのある転生ほど、なかなか思い出せないできていたのだ。

このセッションのあと、このことを話すと、Yさんもいろいろと見えていたとのことで、共通する場面もあった。こうやって、見えたことを誰かと確認できるなんて……と嬉しくもなった私であった。Yさんはお宅に、いろいろとエジプトに関するものもお持ちだということも聞いた。今度、それについても、ゆっくりお話しタイムを持ちたいものだ。

そして、帰宅後に『学研新世紀百科辞典　第二版』を手に取ってみる。

それによると……アスワンダム、一九〇二年完成。アスワンハイダム、一九七〇年完成。

つまり、現代のそこへ飛んで、過去世を垣間見たと思ったが、そこの地名「アスワーン」（ダムよりも昔からある場所ということで）のみ重要かもしれない。どうも、歴史で習ったアスワンハイダムの言葉の印象が強いため、すぐにアスワン＝《イコール》ダムと連想してしまったようだ。

「アスワーン」を調べてみると……エジプト、ナイル川中流東岸にある都市。人口四万八千人（二〇〇四年当時よりも数年前の記録による）。隊商の宿場町として発展。

そうか、「アスワーン」という浮かんできた言葉は、この都市のことだったのだ。

続いて『学研の図鑑　星・星座』より……大犬座、その中で有名なのは、シリウス星。イヌワシ……載っていない。

今回は、このように少し調べてみたが、結構符号している感じだ。「アスワーン」は貿易港で、貿易業について当時の私が学んでいたのではないか。私にエジプトの転生におけるはっきりとした記憶があったとは。

★新年の夢 ―― 二〇一四年一月二日の日記より

昨日は新月。朝の夢は自動運転の円形の乗り物に乗っていて、次に自分で操縦してみた。景色がきれいだった。今朝はすぐに布団から出られず、半睡していたら、直径七センチくらいの黒くて丸い毛むくじゃらの、足がいっぱいついた虫が右肩に載っていて、肘へ向かって移動しながら「動くな。じっとしておれ！」と言われ、とある映像が始まった。途中でその映像が遠のきそうになったので、両耳外側付け根に意識を向けると戻った。

★愛と慈愛に満ちた、懐かしい感覚――二〇一四年四月二十六日の日記より

昨日の夢より。

レールに大事な必要なものが載っている。最初は向こうへ流れていくものを追いかけて取るのでもいいが、やはり無理がある。同じ流れだけどすぐお隣（反対側）へ行き、こちらに流れ落ちてくるものを、手を広げ伸ばして受け取ること。思考も行動もこのようにするのが、より良い選択。

先ほどから遠隔で何か頭頂に受けている。一つ目バージョンアップ完了↓次へ。これは小学校高学年のときに毎日毎晩受けていた、当時は理解不可能でしかなかったもの。今は心地よく感じる宇宙銀河連盟の私の分身ルーラのいる母艦より。関与はアインソフ評議会、聖ソフィア教会、聖白色

同胞団、メルキゼデク協議会など。十日にその船団から虹色発色光を受けている。愛と慈愛に満ちた、懐かしいようなジワッと来る感覚。

「このソフトは適合するか？」の声。それは記憶解除のためのもの。様々な宇宙人種が各々の作業をしながらも、共同で協力し合う環境。見える聞こえる船内の様子がこんなにもクリアだなんて。まるでこれまでの数えきれないほどの体外離脱中の出来事のよう。「地球は大丈夫。よりよい方向へと導かれます」と。シフトして行くよ。

★千手観音様

――二〇一四年五月二日の日記より

ふと、掌から出ている厚みを感じる気の流れを使って、頭をヒーリングしようと試みた。すると映像が見え、観音様……手が何本もある。千手観音様か。

「あなたには人々に手を差し伸べる役がある。だが手を差し伸べてもらうときがあっても良いのです。その好意を受け取りなさい。そして何事も好転していきます」と。

★宇宙銀河種族仲間の見守り
――二〇一四年五月六日の日記より

今朝の夢で……強い太陽光が降り注ぐ状態と放射能や電磁波などの影響についての内容。進化した種族である彼らは、地球上から放射能を取り除く技術を持っているが、あえて微調整しながら、各々の人体の状態や意識変化およびシフトの可能性にかけて、見守り中である。そんなに心配することもないことだと、テレパシーで伝わった。

アセンションライト……とは何か。それはアセンションの光、次元上昇の波のこと。第一～七波までの虹色光線。第八波が到来しつつあるとか。それは第一波の一オクターブ上。各和音の調和により起こる倍音の法則（平均律を除く）は音楽と同じく。この数時間の間に私の背中の大きな羽の付け替えが起きたようだ。

★高速で動く乗り物の夢

——二〇一四年五月十日の夢より

その中は、見た目よりもその数倍の広さ。緊急事態なのか？　暴れる人が出て、救助隊「押さえていて下さい」↓その知人がそうする。避難通路から順次避難。私は何も持たず、外へ抜けるためのIDカードすら乗り物内に置いてきたので、皆ロビーに並んでいるのが見えたが、「もう大丈夫でしょう」という指示の元、取りに戻ることにした。

IDカードなしであっても、隊員に抱えてもらってゲートを出ることもできたが、今度は一時的に入れなくなるからである。その後、地球（睡眠中の私のいる部屋）へ戻ってきた。

★門戸を叩け、門戸を開け

——二〇一四年十月十四日の日記より

〈昨夜八時に伝わった内容より〉

その後、ひどい頭痛は引いているので、今はわりと楽である。

「門戸を叩け、門戸を開け」と聞こえる。

そして――

「日本民族、皆、出遅れておるぞ。結集せねばならん。血みどろになる海を回避せねばならん。地上（地球）が泥の海と化さぬうちに、なんとかせねばならん」

語り手は誰……？

「我は、キクリヒメノミコトなるぞ。この大地・地球を守っていかねばならん。

緑豊かで、大気の濃い星であるように。

人々への意識改革のための関わりを行い続け、お互いがお互いを慈しみ合い、愛し・愛されし関係であるように。理解し合い、大地の恵みに感謝していかれるように、と。

この美しい星・地球を守り抜かねばならぬ。皆、一致団結して、調和の精神を思い起こすのじゃ。

それが、本来の大和魂、その本質なのだ。何事にも感謝、感謝なのじゃぞ。

そないに心配することなかれ。

地球の浄化槽に身を浸し、身を清めよ。

身体のみならず、意識状態を整え、心のアカを洗い流すのじゃぞ」

★一人ひとりがかけがえのない命を宿すもの
――二〇一五年九月十日の日記より

鏡の中の瞳を覗き込んでいたところ……以下は伝わった言葉である。

ホモサピエンスとは。この染色体に宿っているものは。その情報、在り方と意義とは……?

ここは現世《うつしよ》、何らかのねじれ、ゆがみは起こっているのだ。

え……? 宇宙艦隊出動。分身ルーラ(私の別名)の元へ向けて。瞳の色、皮膚の色、髪の毛の色。すべてにおいて組み合わせたもの。そこに宿る魂の意図するもの、情報、航路のすべてが遺伝子の中に組み込まれているのだ。尊い命として、それを宿すものとして。

宇宙創生の記憶。もともと宇宙起源である私たちの地球舞台における、一人ひとりがかけがえのない命を宿すもの。

★宇宙医療センターにて

――二〇一五年九月十九日の日記より

夕方に急に眠くなり、体外離脱して四十五分くらいセッションを受けてきた。そこ宇宙医療センターへ訪れたのは昨年の五月以来のこと（二作目の著書に出てくる）。

そばに二、三人の高次元存在の温かみを感じる癒しの手。今の情勢と関与する痛みを感じる部位から少し調整して緩和してくれた。

ヒーリングミュージックまで用意してくれて、今も聞こえている。それはクリスタルボウルの響き・調べとも似ている。起き上がろうとしたら、「調整中だから急に動くな！」と。ありがとう……放っておかれてないいんだ、と涙。

〈以下は今朝の記録より〉

この法案についてのエネルギー的な影響を受けている。この情勢と動向、人々の動きにより、伝わった言葉は――

ミソギハラへ（エ）を。泥の海と化してしまわぬように細心の注意を払えよ……。

口の中、喉の入り口がまるで火薬を飲み込んだかのような感じを受けている。この美しい地球を壊してはいけない。守っていかなくては（守ってとは厚かましい表現かもしれないが）。

〈十八時十五分の記録より〉

彼ら（地球を見守っている高次元存在たち）はギリギリのところで、放っておくことはしない。この地球を、この人類を。放射能除去装置も空気の清浄化の方法も、水を高分子のものに変換し保つ方法についてもすべて知っている。ただこれは、地球人類全体の問題であり、意思を尊重するがため、親愛なる彼らが直接手を貸すことはできないが（本当のところは宇宙全体に関わることだそう）、彼らは地球上において開発・発明がなされていくために、インスピレーションを送り続けているのだ。

★サリーちゃん誕生 ――――――――二〇一五年十月二十四日の日記より

今日の朝早くの、夢の中でのこと。

部屋のデジタルテレビにつないで、龍の形のように見えるUFO？（IFOかもしれない）の写真を拡大したりして見ていた。なぜか横になりながら。

すると、急に画面がバチバチ……として、えっ？　と思ったと同時に、ピカッと閃光が走り、次の瞬間には巨大な漬物石のようなものが、私のお腹に載っかっていて、そこから、私の足元に向けて何か生命体が移動した。

起き上がってみると（もう巨大な石は消え）、宇宙服を来た女の子がいた。十代半ば～二十五歳くらいに見え、地球人に近い容姿。

私が「家の中にいるのは、息子だから大丈夫よね？」と言うと、女の子は「う～」と生まれたばかりだからか、まだ話せないようだった。

テレパシーでは会話が成立する。成長した姿といえども生まれたばかりであり、私は〝星の子が降りてきた〟と感じた。もしかすると、息子R君（当時中学二年）の妹になる可能性もあったのだろうか。生後（？）数時間の今も私のそばにその女の子の気配がある。実在するR君と同じく、私のサポートをしてくれるのかな。

今月中に提出の、著書二作目の初校前の原稿は、昨日朝に目を通し終え、十三時過ぎまでかかって、地名など合っているかを調べ、前回の段階で結構がんばったからか、調べ物は意外と早く終わった。月曜日着くらいで提出できそうだ。この十日間の作業から、とりあえず解放される。今日は福井までスポットワークも兼ねて二、三の用事に行くのだ。

★長方形と長丸形の石

二〇一五年十二月十二日の日記より

夢に出てきた白山麓にあるという長方形の石と長丸形の石。いずれもオレンジ系の色。そこの建物の感じは覚えていて、何らかの保養所か集会所なのか？　前にも夢の中で行ったことがあるところで、探せばわかりそう。星の子サリーは背中によじ登ったりして、ときたま存在をアピール。二十三日の教室のミニ発表会&クリスマス会の準備等は順調で、原稿は昨日三十分ほど読んだ程度。時間確保がなかなか難しいのだが、なるべく一字一句逃さないように読み進め、今は二百六十七ページのうちの八十七ページ目。国語力のある息子R君に句読点の位置などチェックしてもらって、頼りになる。歴史についてもそうで、治安や政治についてなど同じように話せるところがある。

★シルバーの波動の意識体――二〇一六年一月二十六日の日記より

今日も感じる、私に関心を寄せる意識体の波動。シルバーの船団の彼または彼女は誰？　空飛ぶ船には手に触れて入り、意識状態によってコントロールしての飛行。もうそこまで来ている。この重たい物質波動の地球を離れるのなら代わりの誰かが引き継いでくれる必要がある。代わってもそんなに相違ないくらいに、記憶をうまく照らし合わせて共有して。かつてそうしたように。

★体外離脱中のIDカード――二〇一六年九月十一日の日記より

朝方に目が覚め、胃腸の炎症。あまりにひどくて寝られず、それならと体外離脱をした。IDカードでゲートを潜ると、そこの住人たちがいた。おや？　という顔をされる。

私「ほら、コードがついているから」

住人「ホント、地球から来たのね」

普通はシルバーだが、今日のコードは朱色っぽい赤色を帯びていた。その後、胃腸が活性化し、痛みも軽減しているような気がした。

第二・第三チャクラに相当する臓器二ヶ所に感じる症状が、昨日、一昨日から出ている。休めば治る……それでいいのかな？　身体があまりにひどく、昨日は、明日の月曜日に保育パートをそろそろ辞めるか、「一週間休みます」と言おうかと思ったほど。もう少し、様子を見よう。

三次元の身体を伴う苦しみ。脱いだら身軽で痛みも苦しみもないことは知っている。だけど、だからこそ、たくさんの喜びや楽しみがある地球上の世界でもある。酷使してしまわないように身体の声を聴き、もっと労り、連携プレーをしたいもの。この命はあとどのくらい持つのか。子育て以外のするべきことはまだあるのか。それは何なのか。

★機内にて講習に参加

―――――――二〇一六年九月二十六日の日記より

朝食後に、起きていられない状態になり、横になった。着いた先は宇宙銀河ファミリーのいる船団。処置室のベッドに横になり、すぐに全身のボディチェックを受けた。私の守護ガイドが付き添ってくれた。

「これで、霊体の蘇生は終わりました」と。これから、何度か定期的にチェックを受けることになるそうだ。

次に気が付くと、高速道路のようなところを私が指示を出す形で走るのだが、六歳くらいの男の子（息子R君ではなく）を伴ってのこと。後部座席に座りながら、意識とマインドによって操作する。決まった区画をされた、信号機のない自動運転システム。これまでに何度も夢の中で乗っている。あの子はルーラ（シルバーの宇宙船に乗っている私の分身）と親戚関係らしい。

その後、木造のワークショップ会場へ。何やら癒しのワークショップなるものを受けていた。最後に、ビデオ映像を観た。タイトルは『今後の地球で過ごすにあたっての思い出すべきことと、注意点と確認事項について』。

映像の中では、アーモンド形のキラキラした目のヒューマノイド（人間型宇宙人）が話をしていた。私は一番前で楽な姿勢で座ったり寝転がったりしていて、楽しかった。

帰る前に、もう一度横になった状態で守護ガイドが後ろから包み込むように抱きしめてくれた。なんだか、少し安心した。私は地球上で放置されたわけではなかったんだ。向こうでは夕方五時だったが、戻ると午前十一時半くらいだった。

★生まれ変わる地球の場面

――二〇一六年十一月四日の日記より

昨夜は十一時過ぎに就寝したところ、体外離脱状態になり守護存在に先導された。どこに行くのだろう……きれいな夜空がみたい。恐れを感じないようにしていこうと思った。地球大気圏から少し離れたところ。地球の地軸の傾きと反対側の、狭めの傾斜に貫く光の線が入り、目の前で極移動が起こる場面。浄化作用が行われ、生まれ変わる地球。

「私が生きている間に起こるの?」と問いかけたところ、回答なし。身体へ戻ると十一時半だった。ポールシフトは来るべきときに来ればいい。日本は大陸の三分の一が残るらしい。一気に洗い流され、清められていく様《さま》。至福にも似た感覚を伴いながら、それを星々が瞬く宇宙空間から私は見ていた。あれはいつのことなのだろうか。

★明確なリーディング――二〇一九年二月二十七日の日記より

二十三日（土曜日）夜のあるグループの集まりに参加にした。その際、私は、東京から来られたプロのTさんという方にリーディングしていただき、お陰様で何度も青森に足を運んだ理由などがより明確になった。記憶と感覚を頼りに、より突き詰めていきたい。

以下はそのときの内容である。

その交流会に参加。金沢のある大学のO先生のお知り合いのTさんという方が東京から来られていた。その日の会は十九～二十二時だったのだが、私は仕事の日だったので、二十時までに着く感じだった。パンゲアのT氏もいらした。私はその右隣に座った。

入室すると、ちょうど三人くらい前の人が自己紹介と質問をしていた。やがて、私の番になった。私は名前は名乗ったが、自己紹介なることは飛ばしたまま、質問に入っていた。

「小さい頃から、誰にも話せないような体験がいくつもあって、お話しすると長くなってしまうのですが……どのような分野がよろしいですか？」

何でもよいようだったので、まず、地底世界の住人や八ヶ岳の山中のポータルで何度か会った白い人について話した。

それは、睡眠時の体外離脱時の話であるが、クリスタル化している（次元が違う）からか、白く見えることを話し、そこで出会う人は私と近い存在（分身かな）なのか確認しようとしたら、「そうだ」とのTさんのお答え。

「先ほど（どなたかのときに）出てきた、レプティリアンと龍神はどう違うのですか？」と尋ねたところ、レプティリアンは三次元の存在だとの回答（そうなのかな？）。龍神はもっと多次元存在である、と。

やがて、生まれつきのアザがあるという話をして、「どこにありますか？」と聞かれ、その位置をジェスチャーも用いて示した。左腕や背中の左肩側の辺りをである。私は腕を指して「鱗模様ありますよ」と見せる。
私「龍の姿だったのでしょうか。初期の頃の天皇家も鱗模様があったんですよね？」
Tさん「龍であることが何だというのですか」
私「そうですよね。何だっていうのかですよね。人の中に混ざっているだけですよね」
そう言われて、気持ちが少し軽く、楽になったのを感じた。

私「原村へ行ったときに、とても調整されるのを感じました。ゼロ磁場ですよね」
Tさん「あの辺りは、核戦争によってそうなりましたね」
私「ああ、そこも古代核戦争によって。それで……」
Tさん「八ヶ岳は縄文最後の砦だったんですよ。大陸から渡ってきた弥生人たちが、相当な殺戮を繰り返し……」
Tさん「縄文人たちは、富山湾を抜けて、北へ向かった」
私「あおもり……」
Tさん「青森の三内丸山と北海道（の何処《どこ》そこ）に」
私「三内丸山……」
そうつぶやきながら、私は過去世の映像を見ていた。
私「かなりの侵略ですね。私はそこで討たれたかもしれない。今、泣きたい気持ちです」
Tさん「他に質問はありますか？」
私「ありますが、他の方の順番があると思いますので、いいです」
以前、浅い眠りの中で、生まれつきのアザに関する追体験をしている。背中に槍が三本刺さり、関ヶ原のヒーラーさんに二十年ほど前に抜いてもらった話もした（『エンジェルノート　夢日記よりII』83ページ参照）。

しばらくして、四人後《あと》の人のときだったか、ムー大陸の話になった。

Tさん「レムリアとか、ムー大陸とか聞きますが、誰かわかる人はいますか？」

私は手をあげた。

私「レムリア大陸の中心部がムーと呼ばれる地域だったので、ムー大陸とも呼ばれますが……」

Tさん「ありがとう」

私「そんな、おそれ多いです」

最後まで様子を見ていたところ、Tさんの回答は各々の人のカラーになっており、各々の人の内側、意識レベルに接続して、表層ではまだ認識していなくても、その人の持っている情報を引き出しているようだった。だから、先ほどからの回答は、私自身の魂を通して持っているものから読み取っているのだとわかった。Tさん自身の探求や視差は入っていない様子だった。ちなみに、私自身がリーディングする際は、日常、自己の内側に繋げて確認しながら、相手の情報を読み取っている。

他の質問者の間も、たまにTさんから「さっきの八ヶ岳の白い人の～」と私に声がかかったりした。そのときに、青森の話になったのかもしれない。
Tさん「八ヶ岳上空はシャスタ山と同じで、プレアデス団がいた」
私はそこには、シリウス団もいたのではと感じている。
Tさん「縄文の前は、高度な文明があった。あのような石器時代のイメージではない。たくさん、飛来していましたね」
私「はい。ハダマ（飛行物体）がたくさん飛んでいました」

会が終わり、帰りがけに、白山神界の位置づけについて聞くことを忘れたことに気が付いて、パンゲアのT氏と一緒に外へ移動しながら聞いてみた。
※パンゲアとは、石川県K市にあるヒーリングカフェショップのこと
T氏「彼女は白山の龍を解放することをしているのですが……」
私「はい。白山の龍は三千頭いるのですが、千頭ずつ三ヶ所に分けられて、奈良時代の白山開山頃の、ある僧侶らによって囚われの身となっていたのですが」
私「縄文時代の白山の位置づけについて聞きたいのです」
Tさん「白山は無血裏に、明け渡したのです」

これも、私がもっている情報からの読み取りであろう。

私「つまり、誰もいないことにした」

Tさん、うなずく。

なるほど（以下は思い出した内容である）それならわかる。納得だ。ククリの姫神は素晴らしい方策を練って、我々を守って下さったのであろう。しかし、私は白山舞台が無事であるのを見届けたのち（当時は龍体と人体の変化《へんげ》をしていた）津軽へと向かった。そこで、命を絶ったのである。

私は白山神界の龍であると同時に、津軽の地の担当でもあったのだ。第二の故郷のように感じる青森、津軽半島というゆかりの地とはこのことなのか。

何度となく訪れて、滞在したであろうか。これが、今世、何度も青森を訪れた理由なのである。

では、私が龍のときに討たれたのは、三輪山の麓ではなく、津軽の地だったのか!?　すぐにでも確かめに行きたい心境になった。なかなか行けないけれど。

それと、Tさんは過去世の一つにおいて、アトランティスの王だったのだと感じた。

だからか、今も、質問者にリーディングしてお答えすること（当時と同じお仕事）をされているのだろう。それと、私たち地球人（私の場合はシリウスを経由して、次元を落として地球へ降り立った）には、誰しも琴座のリラの遺伝子が入っている。

★横長の大きな虹 ——————二〇一九年四月二十八の日記より

息子R君（高校三年）は、この土日は河北台（金沢よりも北の地区）で大会に出る。五月一日も同じくだ。五月四・五日は模試で登校日。午前十時半過ぎに母から電話があり、「南東の方角に横長の虹（アークのこと）が出てるわよ。何なのかしらね」と。

外へ見に行って、戻ると通信が始まった。十一時八分から書き始めた。

今、私たちはあなた方を見ています。

地球創世紀以来、我々と血を分けた地球の民よ。

共有する遺伝子を持っているからこそ、通信可能なのです。

これは宇宙創生以来の出来事であり、祝福のときなのです。

元々、地球の中心として存在する国の元号が令和となる今、

私たちは祝福のエネルギーを送っています。

各々の血液の中に持っている数ある遺伝子情報。
今がより開かれてゆくとき。特に口にするものに気を付けよ。
巷にあふれる農作物などの重要性について。
遺伝子の中に太古から保持してきた情報や可能性がよりスムーズに開かれ、
山のようなパーツが繋がるために、これまでのように食の安全性を確認せよ。
我々との通信網が滞ることのないように。そこは慎重に。
この元号の変わり目の時代に祝福を。
日本大和民族の本来の目覚めのときを待とうではないか。
共に喜び分かち合おう。

§4 列島探訪編

東日本と西日本。糸魚川―静岡構造線。縄文文化圏と弥生文化圏に関して。

白山神界（王朝）と不二神界（王朝）。龍神界と龍宮、生まれつきのアザの舞台について。

セクション1では白山麓エリアについて載せたが、白山は無血場で、八ヶ岳は縄文最後の砦なのか。富山湾を抜けて津軽へと向かう縄文人たち。三内丸山遺跡の存在は如何に。

またいつか、訪れる機会を待っている。

著書二作目に出てきた『生まれつきのアザ』に関する、一九九四年六月二十六日付けの浅い睡眠時の追体験の記録。そのアザの舞台は奈良の三輪山近辺ではなく、津軽の三内丸山なのか。

もう一度、八ヶ岳と、特に津軽の地へ足を運びたいものである。

導かれるままに訪れてゆく、自分探しと居場所確認の旅・スポットワークはまだ続く……。

八ヶ岳の麓エリアへ

一九九九年六月五日の日記より

いよいよ、次は茅野《ちの》。長野の八ヶ岳の麓辺りである。付き合っている彼（のちの息子R君の父親）の友人のHさん（彼もHだが）が迎えに来てくれるということだ。金沢午前九時十三分発の特急「はくたか」で出発し、糸魚川から南小谷まで普通列車に乗り、お昼の十二時の特急に乗り換えた。茅野はわりと大きめの駅。今日も感動がいっぱいだった。

最近建ったというペンションに泊まっている。麻の敷物の床がとても気持ちが良くて、過ごしやすいところだ。食事もニンジンなどの野菜中心で、とてもヘルシー。今日はHさん経営のお饅頭屋さんで、新茶饅頭とミルクティーをいただいて、その後、ドライブにも連れていってもらった。山梨の入り口辺りまで行ったのだ。

その付近には、「草木染め」の毛糸を扱っているお店もあった。工夫のなされた毛糸の小物が可愛い。ミニサイズでいくつも連なっている羊の飾り物や、石関係なども置いてあった。その中の、ハートの飾りとオレンジの天然石（高価そうなのだが、なんと四千五百円。お店の人曰く、フィンドフォーンへ行った不思議な人からもらったものだそうだ）を購入。
※フィンドフォーンとは、北スコットランドにあるコミュニティーのこと。彼とHさんはそこで知り合った関係

その後、山梨のほうへ向かった。神社へ入り、龍神の小池もあった。ここは、空気がとても澄んでいて、心地よい。異次元空間っぽい気場の中に、涼しさと同時に熱さも感じた。そして、山のほうを少し散策した。深い緑の川や滝があった。クリスタル（持参したハーキマーなど）を洗い、クラリネットを吹いた。それから、ペンション到着というわけだ。食後、そこに置いてあるピアノも少し即興で弾いた。そして、セラミックなどのお風呂に入浴した。

原村の縄文遺跡へ

一九九九年六月六日の日記より

帰りは結局、茅野駅の一つ向こうの小淵沢駅から午後三時四分発の特急に乗車した。松本からは普通列車。今回は、いろいろとドライブができて良かった。とてもいいスポットだった。宿泊したペンションは二十代くらい（当時）の男性オーナーと、そのお母様と妹さん二人による家族経営な

のだが、オーナーはスピリチュアルなことをいろいろとわかっている感じの人だった。置いてあるクリスタルや本など見ていたら、そう思った。バランスがとれている感じや、宇宙系や、日本の宮司さんのような雰囲気も少しあるなと思った。ヒーラー犬Nちゃんがいて、私はてのひらをペロペロとなめられた。それは、「ヒーラーの素質を意味している」と、オーナーさんに言われたようだ。

今日は、チェックアウトしたあと、まず原村の縄文遺跡へ向かった。とても安定感のある磁場だからか、元気が出た。共感できる親しみやすい場所で気持ちが落ち着いた。この辺りは古墳が多いようだった。次は、湧き水公園というところへ案内してもらった。ここも緑がいっぱいで、吸い込まれそうなくらいだった。こちらで、昨日、滝のところで洗ったハーキマーがグレーがかって元気がなかったので洗い、太陽光にも当てた（縄文遺跡のところでも同じく）。源流のところまで行ってきた。私は疲れ気味だったが、そこは原生林という感じで、自然のパワーを感じた。んー、最高！　小川の石を渡ったりして、面白かった。途中、山々が雄大（まさに大パノラマ）に見えて、素晴らしかった。

八ヶ岳が見えていたのね。波動が高いというか、安定した心地のよいところ。私の中で、次々とエネルギーを取り入れて、循環させながら変化しているようだ。

※あとで得た情報としては、その辺りは古代核戦争があった地域であり、それによってゼロ磁場が形成されたということ。また、縄文最後の砦だったとのことだ。それについては、セクション3の終わり頃に登場する、二〇一九年二月二十三日のTさんのリーディングによっても確認がとれたところである（二〇一九年八月十五日記）

その後、お蕎麦屋さんへ。いかにも信州のお蕎麦という感じで、とても美味しかった。そのあと、楽器など置いてあるお店へ行った。どれにしようか少し迷ったあと、吊り下げて、カランカランと音の鳴る竹（？）の楽器に決めた。東南アジアなどにありそうな民族楽器だ。

〈白馬へ向かう電車の中の記録より〉

原村の辺りでは、浄化作用もあり、次々とエネルギーを取り込んで、変換したり調整されたりということも起こっていた。あるエネルギー状態におけるバランスをとったら、また次のものがやってきて、とってもスピーディーだ。そこにいる間だけでも、それは、起こっていた。気温や体温だけでは、説明のつかないような状態だ。暑くなったり、少し涼しくなったり、スーッと心地よく安定したりといろいろだった。

なんとなく長野へ来たが、自己の波動調整や変換、遺跡めぐり・気場調整などになったようだ。

行ってきてからそう思った。この機会にありがとう。そういう思いである。

〈六月七日の追記〉
とっても、良いところだった。まだ、私の中身は長野・原村辺りを飛行しているみたい。昨日の朝は縄文の遺跡を見に行ったときから元気になったのだったな。どうもありがとう。

〈六月八日の追記〉
内側の映像より。道に（舗装されていないところ）お地蔵さんが並んでいる。そのビジョンが続いている。長野県のどこだろう。そこへ行く必要があるようだ。

二〇一五年二月九日の日記より

新宿にて二作目の打ち合わせ

毎日、仕事に明け暮れているのだが、一月三十日（金曜日）のフライトで東京へ向かい、新宿の出版社にて二作目の著書の打ち合わせを終えたところだ。ゆるゆるペースで日程を組んであり、

今の予定では 来年春の完成予定になるかな。 十二月スタートだったのが二月スタートになったが、先週木曜日から毎日少しずつ進めている。

最初は手元にある十数冊の冊子の中の文章を直し、次にデータからパソコンで文章を修正し、大体、項目ごとにアドバイザーさんへ送る形。九月中旬までに全部送り終えて原稿は完成し、初校に入るというお話なのだ。ちなみに前回、初校に入ったのが二〇一二年二月で七月完成。九月に書店&オンライン販売だった。

ゆるゆると言っても、時間を確保してかなりのペースで進めていく必要性を感じている。とにかく、毎日少しずつでもやろう。翌日一月三十一日は鹿島神宮と香取神宮へ足を運ぶことができた。気になっていた浅草寺と東京スカイツリーへも行った。観音様からのメッセージも事前にあった。

鹿島神宮&香取神宮にて

二〇一五年二月十五日の日記より

〈鹿島神宮にて〉

一月三十一日の記録より。レイライン上にある本殿↓奥宮↓要石へと向かう道↓要石↓御手洗池を回った。そこは本当に霊水で触った感じが温か。そこのお水は煮沸が必要で、直接飲むことはできず、茶屋の三色みたらし団子と一緒にお茶でいただいた。行く前に感じていたこととして、要石は臍石だということ。凹形の要石で大ナマズ頭を、香取神宮のは凸形ので尾を押さえているのだそうだ。もしかすると、大ナマズの頭と尾の位置が逆の場合もあるのかもしれない。私もパワーを充電してきた。

香取神宮への移動中は頭痛があり、それはどうやら二月一日の能登が揺れたことと関係があったらしい。

〈香取神宮にて〉

鹿島神宮ほどではないが、ここも結構広い。

鹿島神宮境内にて

佐原《さわら》という地名。そこは、どことなく「纏向《まきむく》」の印象が重なった。本当に日本最古と言われるエリアで、超古代ほどではないにせよ神武天皇くらいの時代のものだろう。予想通り、香取神宮にも要石があった。こちらの要石は打ち水（実際、水は張ってないが）に水平に納まっているような感じがした。震災時に、対になる両スポットが東日本を守り通し、甚大ではあったが、できる限り被害を抑えたのではないか。しかし、万が一、今後大きいのが来たら、その辺りは沈まずに残るが、昔のような島に戻るのかもしれないと感じた。揺らいだ臍の蓋は結構、しっかりめに今はふさがっている。ほんの少しだけ不安定なのか、そう感じた。今回は関東の三つの臍（写しも合わせると四つ存在するとも言える？）のうちの二つを確認。次に、観音様（浅草観音とも関係するようだ）よりのメッセージである。

二〇一五年二月十五日の日記より

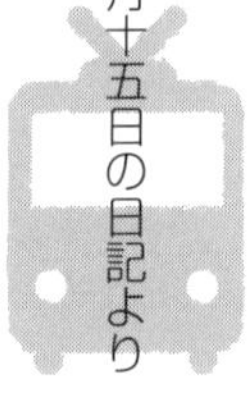

観音様よりメッセージ

二月一日に伝わってきたことより。

千の眼、千の手……千手観音のように曇りなく透き通った眼と、千の手による祈りの力。私たちには、それらを開花させるための数々のコードが埋め込まれている。千の眼と合わせて、この両手の他に見えない手（奥の手）が九百九十八本。それら秘められた可能性のうちの、一体どれくらいを活用できているのだろうか。

そして織姫意識とは？　それは総称であるかもしれない。広大な宇宙の中の千×千億個（？）の宇宙銀河を、本当は最大限に認識する力を人は備えているかもしれない。今回は個々に応じた働きかけが起こっている。いつしか忘れてしまった朝晩の祈り。千の眼に浴び、千の手で祈る日の出と日の入り。朝日、正午の太陽、夕日それぞれによってもチャクラなどの調整がなされる。

レムリアを母体とする日本。世界万有万国日本。五次元地球は地底にもある。海底にも。龍神たちが受け入れられていた頃。レプティリアン、彼らは元々、外宇宙から来た異星人であり混血。なんだかとても感慨深い思いと共に、感動的。私たちは悠久のときを生きている。この身、姿を転生ごとに変えながら。

三輪山登拝

二〇一五年四月二十五日の日記より

保育園（この数年の中で最初に勤めたところ）は三月三十一日までの約束の期間に半日勤務し（派遣会社による）、春休み中に昨年秋から気になっていた三輪山登拝のため、一年ぶりに息子R君（中学二年）と奈良へ向かった。鹿のいる興福寺近くで宿泊。R君の身長は四月測定で一五七・五センチくらいで、私はまもなく追い越される。

初日の夕方に初の飛鳥入りをし、時間の都合でレンタサイクルではなく、タクシーで移動。亀石→石舞台古墳→酒船石と前から気になっていた場所を確認した。

翌日は三輪山登山（三輪山の中は撮影等禁止）。中津磐座《いわくら》の大木が心地よく、樹齢千数百年だろうか。その若木の頃にも、その転生において会っていたのかもしれない。そして、山頂では（往復二時間弱のコースだった）いくつもの岩があり、宇宙との交信場所だったのではと感じた。巫女さんに持っていくように言われた杖が邪魔でしょうがなかったことと、そんなに言われるほどすごい山道ではなかったこと。

また三輪山近辺の地は、私の現在の身体にアザとして刻印されている、とある転生において（おそらく紀元三、四世紀頃？）致命傷を負った箇所に該当するようで、その確認のためでもあったのだ（この時点では、このように捉えていた）。これは二作目の著書のテーマにも入っているが、どこまでまとめられるだろうか。結局二、三ヶ月遅れでデータ起こしから取りかかり、全体の六分の一くらいの原稿をアドバイザーさんへ送り終えたところ。長い道のり。遅れも含めて追い上げられるよう、一度にたくさん進めることはできないが、取り組んでいきます。五月のゴールデンウィーク中には、東海辺りの状態を確認しがてら、呼ばれている名古屋方面へ行く予定だ。

二〇一五年五月七日の日記より

熱田神宮にて

名古屋の熱田神宮本殿前の大楠のご神木にて。三種の神器のうちの剣と鏡の位置づけを確認しているところ。メインは八剣宮で、こちら熱田神宮は一九九八年九月の北海道のあとに寄ったとき以来だ。やはり、三輪や伊勢（内宮）と同じ空気の流れる空間だと感じた。しかし、奈良のほうが馴染むのだ。すでに次なる地に呼ばれている。

高野山へ

二〇一五年十月十四日の日記より

十日の夜行バスに乗り、十一日の朝六時過ぎに大阪駅到着。まずＪＲ大阪環状線に乗ってから乗り換えようと思っていたが、急なハプニングで高野山麓近くの橋本駅までの直通電車の南海電鉄が運転見合わせになった。ＪＲの駅員さんに聞くと、奈良経由と和歌山経由を勧められ、奈良経由のほうが本数が少ないらしく、遠回りだが和歌山経由で向かった。あとで気が付いたのは、近鉄線でも行けたらしいということ。

橋本駅に着くと、ものすごい人。どうやら電車はその後、動いたらしいが、動いて間もないようだった。和歌山は通過してくる意味があったのだろうと思うことにした。乗り換えのケーブルカー（終点は極楽橋）もバスもすごい人で、高野山の寺院の辺りに着いたのはお昼近く。予定していた到着時間のおよそ三時間遅れ。短い時間でどう回ろうかと少し思案したが、息子R君が「時間は気にしないことにしよう！」と言うので、「そうすることにしよう」と答え、最近、呼ばれていた金堂へまず向かった。中門を通り、根本大堂のお隣だ。そこには、八十年ぶりにこの数日間だけ公開中という『阿《あ》閦《しゅく》様（薬師如来）』がいらした。この薬師如来こそが、夢に現れていたお方なのだ。

そこと向こう隣の神社へ参拝に行き、今回のメインが終わったところで午後一時。

あとわずかの時間になったところで、なんと、お隣の野々市市に住む友人（Sさんご夫妻）にばったり出会った。そして、車で来られていた友人ご夫妻が家まで送ってくれると言うのだ。なんとありがたい。まさに、天の助けだと思った。しかも、すでに回ったところは同じで、次は金剛峯寺と奥の院へ向かうところだと言う。同じコースだった。金剛峯寺では、向かい合う龍の岩があった。

夕方の帰り際に女性シンガーのMISIAの野外コンサートが根本大堂辺りの門内で始まり、伸びやかな歌声と共に『Everything』が境内に聴こえてきて、ついてるなと思った。

高野山は二〇〇七年三月一日、つまり一時帰国後のオーストラリアへ戻る前日以来の二回目であった。やはり、ここは龍神たちを保護している感じがした。高野山へ向かう混んだ電車の中で、今回も真ん中を過ぎた辺りくらいに神域に入ったのを感じ、山中は結界がところどころに張り巡らされ、そこの空間が守られているのを感じた。

弘法大師空海よりご真言

二〇一五年十月十四日の日記より

以下は、昨夜午後七時に降りたメッセージである。文体はそのまま載せておく。
弥勒菩薩になられた弘法大師空海より。

天地創造　あめつちの歌を歌い
おのれ自らが、我らが共に、天界へと誘導せしめん。
いざなわれようぞ。
天地創造　我らが皆、神と在ることぞ。
大和魂を奮起させ、想起させせよ。
そうあらんことを。願わくばそうであるように。
天地創造　あめつちの歌を歌い、集えよ。

我らが皆、大和魂なるぞ。
我らが民族、皆協力し、協調の精神でもって、国家統一すべきであるぞ。

我らが皆、各々の力を示し合わせ給う。
協力し合えよ。協調し合えよと。　※力とは、各々が生まれ持つ才覚など、得意分野とするもの・こと

我らが皆、変化《へんげ》した神なる存在の化身なるぞ。
あめつちの歌を歌い、今、ここに集えよと。
足りないものは何もないぞよと。
満たされておる。この龍体である大地（地球）において。
日本及び、全世界において。

太陽と大地の恵みに感謝して行けと。
日々、感謝でしかない。
そうあるのみ。それであるのみ。合掌。

大地の恵みと人々の恩恵によって、
一人ひとりが、全体が持ちつ持たれつの関係であり、
生かされ続けているのだ。

ただ、ひたすら手を合わすのみ。合掌。
ただ御心のままに。ミロクの世を体現せしめよと。
多々次元世界において、現世はうつし世。
この体は借り物なるぞ。心して扱えよと。
清らかにして、土へ還せよと。

二〇一五年十二月三十日の日記より

堺市の大山古墳へ

三日前の二十七日、お昼頃に大阪（梅田）に到着。息子R君と一緒に、そちらへ転勤後の友人N

さん一家と会う。前回は出版社へ打ち合わせに行った際の、十一ヶ月前に東京スカイツリーにて私は会っているが、R君は六、七年ぶりの再会となった。

その後、今回は道中に思いついた、前々から機会があれば行こうと思っていた堺市の大山《だいせん》古墳（仁徳天皇陵古墳）へ向かう。JR阪和線で百舌鳥駅下車。まず、その付近の博物館に入り、結構、楽しめた。前方後円墳である大山古墳の近く（それでも離れているが）に浸るだけで、独特の雰囲気と気場だと思った。そこにいるだけで、何らかの調整が行われて、今も、それはわずかに続いているようだ。

その後、地図上に龍女神像というのを見

大山古墳前にて

つけ、そこと繋がる唯一のループバスに乗り、南海電鉄、堺駅の向こうへ向かう。バスが貸し切り状態だったこともあり、運転手の方（マイクを通して）とのお話がいろいろとできた。ここにも、龍族なる存在たちの気配があるなと感じた。

翌日は鉄道模型の日本一品揃えが良いというお店へ行き、その後、天王寺から路面電車に乗り、東《ひがし》天《てん》下《が》茶屋駅で下車。徒歩三分と表示されてあった安倍晴明神社へ。続いて、その五十メートル向こうの阿倍王子神社へ向かった。

こちらは、心地よい空間で、仁徳天皇ご創建ということで、前日と繋がっていた。

この二日間、R君は電車の写真や動画をたくさん撮り、満足そうだった。

日立の御岩山へ

二〇一六年四月四日の日記より

昨日は初めて北陸新幹線に乗って（息子R君は二回目）金沢を出発し、茨城県磯原の皇祖皇太神宮へ足を運んだ。やはり、昨年の夏に行った富山の御皇城《おみじん》山が本拠地だという印象だった。今朝は日立駅前のホテルを七時にチェックアウトし、七時十八分発のバスで三十数分。御岩神社前バス停で下車。帰りは十時前に出るバスで駅へ戻り、今、特急ひたちで都内へ向かっているところだ。

小雨の中を駆け足気味で御岩神社を参拝後、御岩山の賀毘礼《かびれ》の高峰へ。

※御岩山とは、標高四百九十二メートル。別名「かびれの高峰」とも言われる。百八十八もの神様が祀られている御神体の山だそう。御岩山の山頂には、昔、アポロの宇宙飛行士エドガー・ミッチェルが宇宙から地球を眺めていたときに一ヶ所だけ光っていた場所があり、それが御岩神社、御岩山だったそうだ。その後、宇宙飛行士の向井千秋さんもスペースシャトルで宇宙から地球を眺めていたときに、日本に光の柱が立っているのを見て調べてみたら、御岩山の山頂付近にある光の柱と

賀毘礼の高峰にて

呼ばれる「石の柱」だったということがわかり、ご本人も実際にその地に赴いたとのこと（ヒーリングカフェショップ、パンゲアT氏の解説による）

〈以下は伝わった言葉など〉

小宇宙は大宇宙なり　大宇宙は小宇宙なり
光の柱はその峰を中心軸にして
確かに立っている
その回りの結界内に　日の輪、日の和　日輪《にちりん》

下山時に感じた、おもに背後の白龍さん（左肩側）と黒龍さん（右肩側）。その意味が今、わかりつつある。その他、水色・黄色の龍さんたちの気配。

宇宙心（芯）霊何とか……霊験あらたかに、心してゆかれよとのこと。お天気が回復してきた。

都内へ

二〇一六年四月十一日の日記より

帰りの新幹線を降りたのは、先週の今頃だった。都内では、出版社へご挨拶→新宿の花園神社→駆け足で明治神宮を参拝し、帰途に就いた。

〈以下は一週間前の日記に記した御岩神社境内の大杉から伝わった言葉である〉

あのご神木の大杉には、昔、大天狗がいたそうな。これが、天狗界の感覚か。気流に乗ることができ、風よりも速く飛び、時空を越えていく感覚。これが瞬間移動のように見える意味。そことの回路もできたみたい。彼らは何者なのか。時空間を飛び越えていく。半重力装置なるものを意識場によってコントロールする。

それを地球上の表現で言うなら、彼らは超能力者に値し、超高度文明世界の科学者とも言えるのではなかろうか。だが、如何ような表現・在り方も自然界の摂理に沿ったものでなくてはなるまい。多々次元界への意識場の様々な段階による、覚醒の積み重ね（アセンション）によるトリップ、光体化。彼らはそれを得意としている。

それは多々次元、パラレルワールド（平行宇宙）のあらゆる可能性の中で存在する確率の、自己・個人という表現を超えたもの。それらの意図するものとは？　次元、多々次元、それらへのアクセスは脳内の変換器によって行われる。それは意識場の調節によってのみ可能なのだ。我々と同じく、彼らもタイムトラベラー。

宿からの郵便物

二〇一六年七月七日の日記より

宿泊所の郵便物が届いたところ。奈良は昨年の四月以来のことだ。そのときは三輪山登拝がメインだったので、明日香村で足を運んだのは、時間の都合のため、タクシー利用で亀石と酒船石くらいだった。そのときの続きになるのだろうか。四月に息子R君（中学三年）が修学旅行で明日香村の民泊でお世話になっているのだが、そのときの地図に載っていた大和三山の天香久山麓の天岩戸神社などの関心深いいくつかのスポットへ宿からレンタサイクルで行く予定だ。

R君も希望している八月の奈良二人旅を楽しみにしておこうと思う。宿泊場所は元蘇我氏邸の近くだそう。その前に七月二十九・三十日の白山登山だ。

※蘇我氏は、鉄生産に関わる白山の一族には縁深いのだそう（知人Tさんより）

再び奈良県へ

二〇一六年八月十一日の日記より

朝八時三十七分発の北陸鉄道石川線の電車で出発。ＪＲに乗り換え後、小松駅を九時三十七分発の特急サンダーバードに乗り換え、十一時三十八分に京都駅で下車。近鉄線で天理駅へ向かう。駅から数十分歩いて、今回の目的地の石上《いそのかみ》神宮に到着。

こちらは、私は一九九六年五月以来の二十年ぶり。いつもは奈良へ来ると毎回のように三輪へ足を運んだが、今回は天理なのだ。今日辺りは、三輪は人が多かったのだろうけれど、天理は人がそんなに多くなく、私にはちょうど良かった。加えて、どこか独特な雰囲気を感じた。前に七支刀の映像が見え、夢にも出てきていたので、今年はその国宝の公開予定はないにせよ、少し感じてみることにした。

その後、橿原神宮前駅まで移動し、今夜は明日香村に宿泊だ。明日は天香久山辺りへ向かう予定。天理駅からの道中のアーケード内の古本屋で面白そうな本『うめぼし博士の逆《さかさ》・日本史』（樋口清之著、四冊セットで千円）を見つけ購入し、今、三巻の飛鳥に関する箇所を読んでいる。

あるご神業者の女性

二〇一六年八月十二日の日記より

今、帰りの金沢行きの特急サンダーバードに京都から乗っている。朝九時三十分頃に明日香村の大和盆地を豊浦の民宿でお借りした自転車でサイクリングしていた。風を切っているときは涼しいが、かなり暑かった。なかなかの景観。天香久山麓へ向かい、まず天岩戸神社へ。着いて間もなく、ご神業のお務めをなさっているという、七十歳前後くらいの女性が現れた（橿原神宮辺りがお住まいだそう）。

「呼ばれましたか？」で始まり、このようなお務めをなさっているというお話を伺う。純粋な印象を受けた。彼女は太陽と龍神の系統だとか。感じたままに動かれているそうで、「五分でも違ったら会えない」と。息子R君↓私の順で、両手を八の字に組む、いわゆる〝結び〟をしてもらった。

私は、その方に天孫族の血も引いておられるのではないかということと、昨日の日中のいつか、あるいは一昨日の夢の中で（おそらく前者）、彼女とお会いする映像が事前に伝わっており、同じ人であることが確認できたことを伝えた。拝殿前で、ひふみ祝詞をあげて下さった。

　天香久山登山口の下のところでお別れした。私はちょうど著書のチラシを持っていたので、そこに電話番号を書いて手渡した（その後も、ときたま電話がかかってくる）。またR君と二人に戻り、山頂へ向かう。到着すると、國常立神社があった。蚊が大量にいて、短く参拝して山頂からの眺めを撮影し、さっと下山した。

　付近のどこかに、行こうかと思っていた伊《い》弉《ざ》諾《なぎ》神社と伊《い》弉《ざ》冊《なみ》神社もあるのだが、近くまで行ったので良いということにして、案内板にあった天香山《あめのかぐやま》神社参拝後、完全に山を下りる。その後、R君希望の万葉文化館へ向か

明日香にてレンタサイクル

い、そこには十一時四十五分頃に到着し、所要時間は短めにして一時間半ほどになった。

お世話になった民宿へ自転車を返すときに、行きと同じく、親切にも宿の方が車で駅まで送って下さった。ありがたいことだ。

そのときに、大きいほうの荷物に入れておいた著書二冊を受け取っていただいた。

駅のコインロッカーへ荷物を預け、今回の最終目的地の橿原神宮にて参拝し、京都へ向かい帰途に就いた。

二〇一六年八月二十一日の日記より

富山の御皇城山へ

皇祖皇太神宮のご神祭のご神事に初めて参加した。こちらは昨年に続く三回目となる。ちなみに四月初めに磯原へ足を運んでいる。

ついでに、富山市ファミリーパーク（動物園）へ行った。

〈この翌日のこと。手取川にて、息子R君と足浴しながら〉

夏休みもあと一週間。学校は二十九日（実力テストの日）から始まる。なんと、今、手取川で遊んでいる。来られたのは、もう今日くらいだったから。息抜きは大事だと思う。川のお水は気持ちがいい。

昨日の皇祖皇太神宮にていただいたお言葉を振り返っている。御皇城山は磁場の強いところなので、来るまでにマイナスのモノは落とし切ってしまうのだとか。今年じゅうに達成しようと思っていたことはなるべくどんどん進めるようにと。昨日の祝詞は、天津祝詞とひふみ祝詞だった。

能登エリアの宝達志水町へ

二〇一六年十一月二十三日の日記より

宝達志水町での公演を終えて、一年ほど前から気になっていた宝達山へ寄った。まず、下社の手《て》速《はや》比咩神社に着いたのは夕方五時前で、もう薄暗くなっていた。和やかな空気と共に、初めて手速姫の変化《へんげ》のお姿を見たような気がした。

日本及び世界における、すなわち地球規模、宇宙規模の必要な変革などは起きるにせよ、人々の心が穏やかになり、調和に満ちたものであるように、と手を合わせた。

続いて、もう暗くなったが、そのまま車で山頂を目指し、五時半前に到着。二年半ぶりに来た。自分で運転してきたのは二十年ぶりくらいのこと。上社に参拝し、前回（二〇一四年四月十日、T氏と息子R君ら四人で）のように飛行物体や宇宙意識体とコンタクトを試みようかなとも思ったが、気温は三度くらいか、寒くて早々に下りた。

沖縄南部へ

二〇一七年一月九日の日記より

昨日は夕方に那覇に到着し、十八時前に宿泊ホテルにチェックイン。スーパーマーケットの優待券ツアーで、四年ぶり五回目の沖縄。まず、波之上宮にて参拝。まだまだ初詣での人が多めだった。昭和天皇のお言葉の石碑。その右隣に明治天皇の銅像。私も初詣でだったのだが、引いたおみくじはピッタリの内容だと思った。あれから四年経ったのだなと振り返ってみたりしている。

その後、前回、斎場《せーふぁー》御嶽《うたき》までタクシーで案内してくれたドライバーさんに教えていただいた食事処へ。ゴーヤーチャンプルー定食八百円。今日は予報と違ってお天気が良くなって来て良かった。

先ほど、琉球ガラス村のあとに、ひめゆりの塔で献花をして手を合わせてきた。沖縄南部は前から気になっていたが、思い切って、今回初めて訪れることにした。やはり、いろいろ伝わって感じてしまうため、私は展示館の中は入らずじまいだった。本当に痛々しい気持ちになり、このようなことを繰り返してはならないと思った。今、家々や海を見ながら、観光バスで移動中である。

その後、新原《みーばる》ビーチに着いた。ここは四年前にも来ているので、沖縄南部は初めてではなかったことに気が付いた。前回、こちらのグラスボート体験のは斎場御嶽のあとに息子R君と乗ったので、今回はビーチ散策。海の優しい波音と景色に癒される。

新原ビーチにて

沖縄中部にて

二〇一七年一月十日の日記より

昨夜は沖縄中部の今帰仁《なきじん》のホテルに泊まり、今は空港へ向かうバスの中だ。昨日も今日も朝八時出発。昨日はその後、那覇の国際通りで昼食にし、恩納村《おんなそん》のお菓子御殿本店→オリオンビール工場に到着し、少し待って午後三時から見学した。

ビール作りの工程もすごい。普段、家では飲まないが、美味しくて、用意されていたおかわり分を含めたグラスビール二杯を味わった。富山の母娘《おやこ》（私はそのお二人の中間くらいの年齢だろうか？）とお話ができた。その後、美ら海水族館へ。私は入るのは二度目となる。午後四時からのチケットになり、入館は四時半過ぎだった。

少し駆け足だったが、ジンベエザメちゃんが館内にいた。今帰仁のホテルはビーチ沿いで波音の心地いい中、眠りに就くことができた。空気も吸いやすい感じ。今、バスの中で寛いでいるが、石川は寒いはずなので、ちょっと覚悟しておこうと思う。冬休み明けの息子R君は実家から無事に登校したかな（昨夜、電話した）。

初日に到着してから額のチャクラに開くような感じを受けている。喉にも感じ、今日はハートにも感じている。やはり、今回も沖縄へ来た意味があったと思う。日本列島琉球側の龍体で言うと、ここは額のチャクラに当たり、喉も関連し、ハートチャクラを通り、そのままルートチャクラまで伝わっていくだろう。何らかの解放が起こっている。やはり、沖縄は癒しの島なのだ。

※日本列島琉球側の龍体とは、日本を二体の龍と捉えるなら、北海道側を頭にした龍と、沖縄側を頭にした龍の二双になるとの意味

無事に小松空港に着いた。小雨だが、出発前の予報ほど寒くなくて良かった。着陸五分前くらいに二重の半円形の虹が見られて感動した。さらにプレゼントをもらったようだ。これから帰ったらすぐに仕事（音楽教室）なのだ。

小松空港着陸5分前のダブルレインボー

富士山麓にて

二〇一七年三月二十八日の日記より

昨日の二十七日朝に夜行バスで富士山駅到着。雪が降り積もっていた。八年前の同じ頃に北口浅間神社辺りに来たときは雪はなかったので、どうしようかと思ったが、靴は浸水覚悟でレンタカーを借りて出発。

まず、付近の通り道にある浅間神社二ヶ所とそのご神体なのではと思える明見湖《あすみこ》へ。その後、今回の最初の目的地である不二阿祖山太神宮へ向かう。タクシー乗り場では、「山の狭い道は雪でふさがっているかもしれないので、お連れできない」と言われ、レンタカーのところでも、「山はやめたほうがいい」と言われたが、そこへ行くために富士山麓へ来たようなものなので、とにかく、行けるところまで行ってみようと思った。

※不二阿祖山太神宮は、山梨県富士吉田市にある。幻の古代富士王朝の中心だった。富士山信仰で知られる浅間神社の本宮《もとみや》である（『ムー』二〇一六年五月号、学研プラス）

なるほど、なんとか行き来できる道に途中から差し掛かったが、道の真ん中は問題なく通れる状態で、山道に入って数分という近さだった。神宮向かいのタイヤ屋さんに車を止めさせてもらい、境内へ向かった。ところが、正面はすごい雪だったので、横の通路から上る。上りきったところに、右手に手水舎の龍神様。五本指とは珍しい。日本全国のいろいろな神社等を回ってきたが、おそらく初めてのこと。

その反対側左手に社務所があり、中から三名の巫女さんが出てこられ、ご挨拶をなさった。あられや雪が降る中、折りたたみ傘は持っていたが、普通のサイズの傘を貸して下さった直後、急に空が晴れ渡り、丸印の雲が現れた。数分で雲もどこかへ行った。

快晴。あんなに、寒かったのに背中に当たる太陽が暖かい。

巫女さんの一人が「神様が喜ばれている」とおっしゃった。

「はぁ～丸雲が出ている」

「こんなこと（急に晴れ渡ること）は初めてのことです」

急に晴れ渡り、丸雲が出た

別の巫女さんが「案内させていただいて宜しいでしょうか?」と言って、詳しく、大変ご丁寧に案内していただいた。少しして「感じやすい方ですか?」と聞かれたので、正直に「そうです」と答え、案内の最中に何度か感じたことを自然と話すことになった。

昨日、二十七日はレンタカーで回る一日だった。R君（中学三年の終わり）の提案で午後から本栖湖へ向かった。生（?）のモッシーのような生命体は見られなかったが、雲モッシーを見つけた。龍雲だろうか。この辺りの湖にも龍の言い伝えがあるようだ。

今朝は富士山駅近くの宿から歩いて、富士本宮北口浅間神社へ参拝してきた。途中、案内の猫ちゃんたちが二匹と帰りにも一匹いて、目が合った。諏訪内山神社（木花咲耶姫《このはやさくやひめ》の父神の大山祇神《おおやまづみのかみ》がご祭神）へ参拝後に浅間神社へ向かったのだが、昨日の流れと同じく、こちらにも龍神さんがいらした。本殿奥に『富士山』と書かれた鳥居があり、その向こうが登山道。これまでは関心がなかった富士山登山。いつかしてみたいと思うようになってきた。昨日は一日、富士山麓で過ごしたのだが、追ってそのご報告をしたいと思う。今、八王子市近辺の駅を出たところだが、鉄道ファンのR君に合わせて、電車に乗ったり降りたりしている。

江ノ島へ

二〇一七年三月二十九日の日記より

帰途に就いたところ。昨夜は川崎で宿泊。息子R君は父親のワンルームの部屋へ泊めてもらい、私はその近くの宿泊所に滞在した。昨日は富士山から川崎へ向かう道中に、気になっていた江ノ島まで行ってきてしまった。

江ノ電を降りて、眺めるだけのつもりが橋を渡り、境内へ入ると辺津宮《へつのみや》があり、そこだけはR君↓私の順で入った。大分暗かったのだが、三女神だったなと思い、階段の下でR君に引き続き荷物の番をしてもらいながら、御岩屋道方向と示されたところを通り、中津宮《なかつみや》↓さらに上へと進み↓奥《おく》津宮《つみや》まで上り、その左隣の「龍宮」と鳥居に書かれたところとを参拝。暗い中、御岩屋道の手前で引き返すことになったが、駆け足でなんとか往復してきた。ここで、夕食時だったため食事にしたかったが、R君の父親と待ち合わせていたため、大分遅くに川崎に着くこととなった。

ちなみに辺津宮は田寸津比売命《たぎつひめのみこと》。中津宮は市寸島比売命《いちきしまひめのみこと》、奥津宮《おくつみや》は多紀理毘売命《たぎりひめのみこと》が祀られている。龍宮と龍神。浜の近く、水際や少し沖合には何十頭どころか何百頭もの龍たちの気配があり、そのような意識体を感じた。水に住まう龍神たち。仲間意識とでも言おうか。ここにも、龍神界、龍宮界の通路があるのだろう。白山神界を出発し、富士神界へ足を運んだばかりの流れで、エネルギー場のつなぎができて良かった。島を出る前までのあいだ、山頂辺りからの白龍の気配を近くに感じていた。それは今もあるかもしれない。新幹線は間もなく、長野に到着だ。

二〇一七年四月十七日の日記より

不二王朝と龍宮界とは

以下は三月二十七日に訪れた不二阿祖山太神宮についての続きである。

急に晴れ渡ったところで、手水舎を案内された。龍神様が五本指であるとのこと。他のところのは大抵四本指だとか。匠さんにも精魂込めて作っていただいたそうだ。こちらの水面に龍神様のお姿が現れたり、写真に写ったりするのだそう。

ご神殿（お社）前の階段下の拝所へ向かって参道を上る。巫女さんの説明で、参拝するところへ向かって右側が水のエネルギー、左側が火のエネルギー、真ん中が神様が通られる道であり土のエネルギー。女性は右側から、男性は左側から進むとのこと。

※火と水と土は、ミロクの神の顕現である

水のエネルギー側から三段上がると「こちら側からも上ってみて下さい」と言われる。火のエネルギー側のほうを三段上がり、案内されるままにもう一度、水のエネルギー側のほうを三段、そして、そのまま上まで行ったのだったか。

上り始める前に、どんな感じがするのかと聞かれる。水のエネルギー側は「水のエネルギー。霊的なもの、非物質的なもの、精神的なもの……ミズハノメ」、火のエネルギー側は「物質的なもの」、土のエネルギーのところ（中央のライン）は「物質的なものとそうでないもの。それらの融合。天上界から物質界へ火と水のエネルギーを用いて降ろし、融合したもの」と答えていた。

拝殿下の拝所前にて。巫女さんから、元一つの神を祀っているのはここであるというようなことを言われ「どのような感じがしますか？」と聞かれた。「（多重層の光の集合体や集結を感じてはいたが、あまり言語化できず）アマテラス（その中の一神として）のエネルギー、それから天上界から降りられた神なるエネルギー（今、思うとクニトコタチのことであろう）、宇宙創造神（総称体の表現として）」と答えた。それ以上読み取ろうとすると、ただただ無というか、厚みも感じるクリアな感じ。

そこで、参拝の仕方を教わる。「ちょっと練習してもいいですか？」と私は息子R君と柏手を打つ練習。巫女さんが「皆さん、結構、練習されるんですよ」と言って、教えていただいた順に神々の名前を言い、無事に参拝した。

その後、拝所前の無限大をかたどった道（そこを歩けるように除雪してあった）を正しいと言われた方向から歩く。足取り軽く、清々しい。巫女さんによると「気分が悪くなったり、調子が悪くなることがある場合がありますす」とのこと。それは、整え、毒出しのためか。そう言われたが、なんともなく、むしろ心地よく、肩や腰など整えられた。逆回りも勧められ、歩いてみると、流れに抵抗している感じがした。ちょっと重くスムーズではない。人生もスムーズに導かれるルートでいいのだ。もう一度、清々しい方向へ回った。

巫女さんが「さらにご案内したいところがありますが、お時間ありますか？」と聞くので、「はい。わりとあります」と答えた。（拝所向こうの拝殿までの階段は禁足地）主神殿に向かって右側に火（赤色）を象徴する『スワスチカ』、左側に水（白色）を象徴する『スワスチカ』があり、参道とは火と水の位置が逆になっている。プロペラや換気扇みたいな形をしており、中心は元津神。周りの四つの羽は火と水と時間と空間だそうう。

誘導されるままに触れてみて、なるほど、羽の一つひとつよりも、どちらも真ん中が温かく感じられた。

そして、さらに左手のほうへ。洞窟風の空間があり、手前にしめ縄のような結界が張られてあった。そちらへ背中を向けて、中央へ立ってみる。
巫女さん「どんな感じがしますか?」
息子「涼しい感じがする」
私「あったかい和やかな空気を感じる」
巫女さん「手を入れてみてもいいですよ」
私「不二（富士）王朝。レムリア（その中心部はムー）の空気。龍宮ってこういう感じかな」
ちなみに、少し中央からそれた脇へ立つと、少し涼しい感じがした。
この辺りで巫女さんが、不二王朝を再建しようとしているその最中であるというようなこと

不二阿祖山太神宮にて

を説明された。

私「宮下文書とか関係ありますか？」

巫女さん「宮下文献ですね。そうですね」

私「私たち、龍宮界の亀（の役、道案内）ですよ～」

そう言ったあと、待てよ、それなら乙姫や浦島もいるはずだとも思った。とすると、乙姫（水）と浦島（火）と亀（土）なのか？

私「ここは龍宮界との繋がる領域で……双方の世界をつなぐ……」

など話していた。同時にここ地球にいながら、次元を超えた感覚も感じていた。

地の神と洞穴

二〇一七年四月二十四日の日記より

お客様のご依頼で、電車で福井駅へ向かっているところだ。三月上旬に来てほしいと言われ、やっと今日がその日となった。息子R君（高校一年）は先週火曜日から部活動開始。それからなんとか一週間。入学式から二週間。毎日の課題が多くて深夜まで一緒に起きていて（英語だけ付き合っている）疲労がたまってはいるが、ピカピカのお天気で嬉しい。

春休みの富士山麓の旅行記の続きを書きたいと思う。

さらに向かって左手の奥へ。そのスワスチカ等の上のところ、つまり拝所の少し上辺りのラインまで土が埋まっていて、ブルドーザーで掘り起こしたときに出てきた、古すぎて年代測定不可能という石。『地の神』。縦に長丸い形。五十センチほどの高さだろうか、祀られているその手前で足踏みして、その歩みの勢いのまま入ることを巫女さんに指示される。

洞穴（祠？）のようなところ（近くの金華山と繋がっているのだそう）の前をもう一度通って、次に∞の通路向こう（拝所下）の三角に囲ってあるところへ下りた。そこの三角地帯（？）の中、中央の丸印で囲ってあるところに電話を置いたあとは、三十分間、有害な電磁波をカットしてくれるそうで、さっそく携帯電話で実験してもらい、体感した。そこは、撮影する人によっては、いろいろなものが写ったりするスポットなのだそうだ。

巫女さんが「どんどん撮って下さい」と言う。

巫女さん（若いお姉さんで、元社会科の先生だそうで、R君が社会が好きなことを言い当てられた）が「結婚式のときに写った」というピンクの十字の写真も見せて下さった。

さっそくR君が撮影した写真には、いろいろとより良い霊的なものを意味する印などがまたしても写った。大変ご丁寧なご案内をして下さり、ありがとうございました。

いつの間にか私たちのあとに何名も参拝者が続いていた。水筒に真名井の貴重なお水をいただいて、山をあとにした。そちらは十年前から復興のため作っている、再建のための手作りなのだそうだ。帰り際に他の巫女さんが、会報誌へ載せたいとのことで、私たち親子の写真を撮って下さった。同意したのであった。

二〇一七年八月九日の日記より

糸魚川へ

今日と明日は、息子R君は父親と過ごすために、家を八時前に出て、加賀の祖父母と金沢駅八時四十八分発の新幹線「かがやき」に乗り合わせて向かった。私はR君の約三十分後の八時半に出発し、最寄りの北陸鉄道石川線の駅から乗車。

今、あいの風とやま鉄道に乗っていて、あと三十分弱で泊駅着。金沢駅の乗り換え時は二十分待ちだったが、今度は四十分待ち。三、四年前から足を運びたかった糸魚川へ向かっている。二〇一

○年から三年間、知人の紹介により、上越のUさんにお招きいただいて、数名の個人セッション（透視リーディング他）はじめ、心身を調えるための内容のワークショップとピアノコンサート（自作曲の弾き歌いと即興演奏）を行っていたのだが、帰りに強風で、糸魚川で三時間経っても電車が動かず、直江津へ戻って（糸魚川―直江津間は運行していた）、主催者さんのサロンにもう一泊したことなどを思い出す。今日は現地の知人と待ち合わせして、案内していただけるので楽しみ。倶利伽羅《くりから》峠《とうげ》付近を通過中には黒龍さんから「気い付けて行ってこいや〜」と聞こえた。

東と西の二つの島国だった日本がいつかの時代に今のような姿になった。その構造線の場へ行ってみたいのだ。そこには何十体、いえ、何百体の龍たちの気配があり、私が来るのを待っている。私の転生の一つは龍女。半物質世界の頃も同じで、背中や左腕にその名残のアザがある。どこか血が騒ぐような感覚だ。

※『預言石板の謎と日本ムー文明』飛鳥昭雄・三神たける著、学習研究社

ヒスイ海岸にて

二〇一七年八月九日の日記より

先ほど、越中宮崎駅（富山県下新川郡）のヒスイ海岸へ寄ったところ。着いたとたん、観光ガイドのおじさまが現れ「ご案内しましょうか？」と言うので、お願いすることになった（案内料は五百円。九時から十四時まで。九月は土日祝のみ）。

駅に着く前くらいから雨がザアザア降り、膝まである長いゴム長靴をお借りし、折りたたみ傘も差していたが、白く光る石を波打ち際で拾おうとして、波から逃げ切れず、滑ってほぼ全身、海水浴をしてしまった。

おじさまは「ゴオーッという音を聞いて、タイミングを見て逃げるのだ」と。この夏、初の海水浴。こりゃあ、白山登山前の禊かしら。ということだったが、ミニ瑪瑙にネフライトや、帰り際の晴れた頃に小さな翡翠も見つけ嬉しかった。糸魚川のどこかに着替え売ってないかな。

〈追記〉

久しぶりの友人N子さんとは、びしょ濡れのまま再会し、最初に付近のお店にて無事、着替えを購入することができた。

知人Tさんによると「糸魚川には馴染みの鶴来屋さんや加賀乃井さんがありましたが、大火で焼失して残念でなりません。最近、海で翡翠が拾えるのは奇跡ですよ！」とのこと。

「糸魚川の火災は年末でしたね。駅のすぐ近くまでの火で、歩いていてその時の火の熱さと雰囲気を感じてしまいました。友人とその話もしており、本当に残念なことだと思います」とお答えした。

現地のおじさま曰く、翡翠は嵐のあとに上がって来やすいらしく、晴れて乾いていると見つけにくく（濡れても白く光るのが翡翠だそうだ）、タイミングとしては良かった。

拾えるのは奇跡なのだそうで、嬉しい。大切にしたい。

糸魚川――静岡構造線へ

二〇一七年八月九日の日記より

糸魚川駅で友人N子さんの車に乗せてもらい、遅めの昼食後、まず、「フォッサマグナミュージアム」へ。中は河原の巨大ヒスイ原石に、ヒスイ、ヒスイ、ヒスイ……。原石、原石、原石の夥しい数のショーウィンドウの中の石たち。石好きにはたまらない。なんて居心地がいいのだろうか、とN子さんと浸る。

次に、通り道にあった販売加工店へ。手頃な値段でヒスイを入手。実はミュージアムでも勾玉のミニ糸魚川ヒスイを購入した。

その後、今回のメインスポットである糸魚川—静岡構造線のある「フォッサマグナパーク」へと向かった。すぐ横には姫川が勢いよく流れていた。

糸魚川ヒスイ原石など

なるほど、東と西では土地の感じが違う。西側はいつもの居なじんだ感じで、東側は青森とかへ行ったときのような感じがした。

N子さんは逆で、東側は家に居るときの感じで、西側は京都へ行ったときのようだと、ほんの一、二歩またぎながら話していた。

※東側は北アメリカプレート（新しい岩石、新生代、千六百万年前）、西側はユーラシアプレー

ト（古い岩石、古生代、三〜四億年前）である火山帯地震層にある日本。温泉地。二つの島国が合体して、富士山や白山などが隆起したのだ。昨日、頭が痛かったのは、中国の地震前だったから。少し向こうには塩の道がある。その苔むした感じの道をずっと歩いてみたい（または、車で移動しながらでもよいが）。いつか何日かかけて、アルプスの山々を縦走してみたいものだ。

ここで、今日はタイムアウトとなり、秘境地方面はまたの機会に案内して下さるということになった。また来たいものである。最後に、糸魚川駅横のヒスイ王国館に寄り、帰途に就いた。なんと、帰りは十八時四十八分発の新幹線「はくたか」５７１号になんとか間に合ったので、十九時三十八分に金沢駅に着く予定。道案内（ドライブ）してくれたN子さん、本当にありがとう。

二〇一七年九月十一日の日記より

瀬織津姫神社へ

より良い兆しなのか。土曜日から気になっていた金沢市別所町の瀬織津姫神社へ赴いた。それにしても、市内にあるとは知らなかった。境内に誰もいないところがいい。

混沌とした世界。
その中に様々なる可能性の秘められたこの世ではあるが、
思考の中の穢れを落とし、清らかなる心と思いを携えていかれよ。
まわりの人々との関わりを通して、調和を図れよ。

とのメッセージをいただいた。

〈以下は一昨日九月九日に自宅にて受けたメッセージ〉
ククリヒメの命のエキスを受けている者を中心として
（黒の姫も白の姫も皆同じく。それは表現の仕方の違いでしかない）
八俣の大蛇《おろち》の八ツ俣の里、九つの尾、七つの尾へとお行きなさい。
八洲（八島）の国、九つの海、七つの海を越えて行け。
感覚を通して、意識の中で統合せよ。今がククリの結びのとき。

〈知人Tさんからのコメント〉
「八岐大蛇は素戔嗚尊から金剱宮に繋がります。九頭龍にも」

奈良・室生口大野にて

二〇一八年四月一日の日記より

今日は高速バスに乗って京都まで来た。祇園の八坂神社（結婚式も見かけた）に久しぶりに寄ったが、あまりの人の多さに早々に脱出し、まもなく奈良駅に着く。少しそこの雰囲気は味わえたかなと思う。

先週三月二十九日に父は退院し、元気そうである。私も通院が同じ日に終わった。この二ヶ月間はいろいろな意味で忙しくしていたので、旅行しながら少しゆっくりし、気分転換したいなと思う。身体はだんだんと動かしやすくなっており、運転できるまで、あと少しだろうか（その後、四月下旬に父とのあるやり取りにより、そこから再び二、三ヶ月歩行が困難となった。運転は八月八日より再開）。

その後、桜井駅から四駅先の室生口大野駅まで足を運んだ。二〇〇九年から無人駅だそう（息子R君情報）。R君（高校二年になったところ）は駅にいて、私は徒歩すぐの海《かい》神社へ寄った。こちらは呼ばれたスポットだと感じた。八坂神社でも青龍の記述を見かけたが、こちらは落ち着いた佇まいの中、水神や龍神たちの気配がとてもする場所。帰り際に龍神雲を確認した。本当は室生寺やその奥の龍穴（駅から八キロメートル）まで行きたいところだったが、自転車か車でないと無理な場所。以前はレンタサイクル屋さんがあったようで、その塗装の剥がれた看板の建物を見かけた。次回のお楽しみにしようかなと思う。

　このような泊まりがけの旅行は昨年の春休みの富士山麓や江ノ島&東京滞在以来で嬉しい。今夜は三輪山の麓付近で宿泊である。

二〇一八年四月二日の日記より

三輪山にて

　昨日四月一日の続きの奈良二日目だった。今日は夕方六時近くまで三輪にいた。二週間ほど前の夢に出てきた三輪山中腹の『中津磐座《いわくら》』の杉の大木に呼ばれたことが今回のきっかけである。今くらいに、わりと普通の速さで歩けるようになったのは、ほんの数日前のこと。せめて麓まで行こうと思ってのことだったが、まさか四百数十メートルとはいえ、山道を無事に登拝してしまうとは。

三年前に初めて登拝したときも感じたのだが、私の感覚では、この樹齢千年以上の杉の大木が若木の頃に会ったことがあるというもの。

それは、他の時代のいつかの誰かのときの記憶かもしれない。抱きついたり寄りかかったり、撫でてあげたりして再会を喜び合い（多分……）をした。登山前後は登り口の狭《さい》神社で病気平癒のご神水をいただいた。山頂では清らかな空気を感じた。

その後、檜原《ひばら》神社へ向かった。ヒバラ→ヒブライ＝ヘブライ……ここはヘブライ神社なのでは!? 古神道との融合地点なのだろうか。

それから、一年半前に明日香をレンタサイクルで回った際に、天香久山の天岩戸神社で出会った橿原のご神業者のおばさまに電話をかけたところ、ちょうど大神神社境内におられ、再会。三ヶ所ほどの境内の神社を彼女のひふみ祝詞と共に参拝し、境内と茶屋でご神業のお話などゆっくりと伺った。以前、室生口大野辺りでも、ご神業をされていたのだそうだ。

大分時間が過ぎ、今は京都行きの電車の中である。結局、河原町五条で泊まり、明朝の高速バスで金沢へ戻る予定だ。

京都を出発

二〇一八年四月三日の日記より

旅行三日目、と言っても帰るだけだが、京都駅を朝九時二十分発の高速バスで帰途に就き、お昼十二時五分に南条ＳＡを出発するときに車内から丸雲が見えた。

昨年三月末に行った不二阿祖山太神宮では、突然の雪の中、私と息子Ｒ君が到着して間もなく太陽光が差し、急に晴天になったときに、そちらをご案内していただいた三人の巫女さんのうちの一人に、「あら、丸雲が出てるわ」と言われた。そのときに、そういう雲のことを知ったのだった。

松任海浜公園辺りでは、仲良く並ぶ龍雲が出ているなと見ていたら、次に三体の龍雲が並んでいたことに気が付いた。

昨日、四月二日は三輪にてお会いしていた、ご神業を長年されているおばさまに「今日の言霊というか数霊は三ですね」と言ったあとに、大神神社の『三《み》つ巴《どもえ》』を最初に見たことをはじめ、おばさまのひふみ祝詞、私たち三人の集まり、檜原神社の三つ社参拝など。旅行は四月一日からの三日間となり、一二三《ひふみ》旅行となった。何らかの始まりかなと思う。ちょうど金沢駅に到着した。

久しぶりの泊まりがけの一人旅

二〇一八年十月二日の日記より

今日は、修学旅行で台湾へ行く息子R君を高校まで送って行ってから、家を十一時前に出発。私は先ほど金沢―糸魚川間の新幹線乗車後の乗り継ぎで、十三時十三分発の大糸線に乗ったところ。コンパクトな一両編成だ。

台湾行きは十四時のフライトなので、搭乗手続きが終わった頃かな。台北空港には十六時二十分に着くらしい（台湾時間はマイナス一時間で日本時間になる）。春休み（オーストラリア滞在以来の久しぶりのパスポート取得）や夏休みから準備はしていたものの、一週間を切った数日前に、現地へ持って行く日本のお土産など、急に必要になったものもあり、お買い物に忙しかったりしたが、あとは無事に行き来し、楽しんで来られたらいいなと思う。

糸魚川には三十分近くいたが、木場も空気も心地よく、私自身が調整される感じがした。人々の心も純粋で澄んでいる印象だ。昨年八月に、越中宮崎駅のヒスイ海岸へ寄ったあとに、糸魚川で友人N子さんと待ち合わせしたことが思い出される。

〈その後の記録より〉

南小谷駅に十四時十五分到着予定である。白馬でゲストハウスに素泊まり二泊なので、食料を結構持ってきた。

南小谷にて

二〇一八年十月二日の日記より

南小谷駅で、特急には乗らずに一時間ほど過ごし、十五時二十八分発の普通列車に乗ったところだ。

千国街道、塩の道辺りを探して歩いてみた。十八年前に夕方の薄暗い中、ガサガサと入ったところとは反対側（役場側）から入ったことに気が付いたのは、駅に戻ってきてからのことだった。そのときに見た、苔むした感じの石仏や道標は見当たらなかったが、しばらく浸れたのが良かっただろう。明日は栂池で見つけられたらと思う。

糸魚川でも見た、流れの続いている姫川を見た。今、白馬大池駅を出たところ。もうすぐ白馬だ（十五時四十六分）。南小谷で歩いて一時間ほどして、頭痛と気持ち悪さがすうっと引いて良かった。たくさん出ていた地震雲（？）みたいなものもどこかへ行ったようである。

白馬にて誕生日

二〇一八年十月三日の日記より

今朝は八方バスターミナルから栂池へ向かい、ゴンドラ（二十分）とリフト（五分）を乗り継いだあと、栂池自然園の手前の右脇からの登山道に入った。

もっと奥の白馬大池（そこまでは片道プラス二時間）まで行きたかったのだが、帰りのゴンドラの運行時間の都合があり、片道一時間ほどの天狗原《てんぐっぱら》まで登った。途中は白山

白馬の天狗原にて

登山と錯覚してしまいそうなほど、似通った登山道だと思った。

到着すると、白馬三山がよく見えた。雄大な景色に圧倒されそうなほどだった。山登りしながら、登山は人生への挑戦（!?）のわかりやすい例かなと思い、根気が養われ、私のような者の根性を叩き直す（?）のに、もってこいだと思った。

その後、栂池自然園を一時間ほど散策してから下りた。

北アルプス登山は、立山以外では十八年前に乗鞍山頂付近を、高校の同級生Oさんと歩いたこと以外ほぼ初めてのこと。

いつか泊まりがけで尾根伝いに縦走してみたいものだ。四十代のうちに、大学生になっているだろう息子R君（二〇一八年現在、高校二年）に付き合ってもらえるかな。また一年、どんな風に思い描いて活動していこうかしら。

二〇一八年十月四日の日記より

姫川源流と青木湖へ

白馬旅行三日目。今日はレンタサイクルの日。お天気は薄曇りで涼しめだ。白馬から三つ目の駅を過ぎた辺りの姫川源流に来ている。手持ちのクリスタルたちも洗って、お浸かりして、なんだか私もさっぱりした。湿原を抜けたら、次は青木湖へ向かいます。

姫川源流

〈その後の記録より〉

道中ときどき見かけた道祖神。白馬を十五時四十九分発の電車で帰途に就いた。今、糸魚川十七時三十三分発の新幹線に乗っており、十八時二十四分金沢着だ。昨日、栂池でお会いした、大阪のひと回りくらい年上（？）のご夫妻とまたお会いし、一緒に南小谷駅で乗り換えしながら、塩の道や地名のことをはじめ、旅行や歴史散策の話で一時間ほど盛り上がり、楽しいひとときだった。

宿近くのレンタサイクル店から九時半過ぎに出発し、自転車を返したのは午後二時過ぎ。姫川源流のあと青木湖へ向かった。上りの坂道が結構大変で到着まで一時間かかり、帰りは下り坂で源流付近まで二十分で戻った。

青木湖では湖畔に下りて、お昼ご飯をとりながら四十分ほどいた。龍でも出てきそうな雰囲気だった。湖を見ながら、やはり活火山帯なのだなと思う。温泉地であり、地震もある。

そういった自然の恩恵などの中で生かされているのかなと感じた。三日間、ずっと晴れていてありがたかった。昨日の登山前後も今日の帰る前も、八方の湯の足湯にお世話になり、気持ち良く温まった。現地の足湯に浸かる若者たちとも話ができ、お陰で道中の情報も得た。

最後にこちらの薬師観音さんにお湯を掛け、手を合わせた。八方尾根の麓でお土産にリンゴ大八個と小二個を購入。実家と分けたのだが、これまでに食べたどのリンゴよりも美味しい（皮付きのままで大丈夫）と感じるものだった。運んだ甲斐があった。

〈追伸〉

今日は息子R君たちは八田與一ダム（台湾）などへ行っている日である。明日五日（金曜日）のR君十七歳の誕生日に帰宅予定なのだ。新幹線を降りたあと、すごい人で十八時三十分発の乗り換え電車に乗れず、金沢駅で夕食をとってから帰ろうと思う。

東京日帰り

二〇一九年三月二十七日の日記より

帰りの新幹線待合室にいるところ。二年ぶりの東京だった。東京駅ホームに降り立ってすぐに息子R君の小学一年のときの担任Y先生にばったりお会いした。先生は昨年三月の金沢市民芸術村での『空の村号』（石川）朗読劇公演後に舞台に近づいてこられて、そのときに久しぶりにお会いしていたことを思い出した。同じ新幹線に乗っていらしたのだった。あのときは、一月二十五日の事故のあとで、やっとの思いでテーマソングをクラリネットでスタンドプレイしたのだった。

※『空の村号』（石川）とは、福島の美しい里山を舞台にした、3・11震災時の実話をもとにした朗読劇の、有志による石川の集まり（劇作家、篠原久美子作）。著者はクラリネット・鍵盤楽器等による音楽担当（二名のうちの一人）をしていた

お昼時に明治神宮を参拝し、鎮座百年の千円寄付というのをした。ちょうど婚礼の行列に会い、嬉しい感じである。新宿の花園神社の華やかな桜を通りすがりに見て出版社（こちらは著書二作目完成時以来なので三年ぶり）に到着。三作目の著書も前作と同じく四部構成になると思う。行きの新幹線の中では、手元の冊子の五回目くらいの全部のチェックをやった。『エンジェルノート　夢

日記より』第三巻の最初の打ち合わせが無事に終わり、良かった。東京日帰りはもったいない気がするけれど、スケジュールの都合なので、もうすぐ帰途に就く。少しずつ、作業を進めていきます。どうぞお楽しみに。

淡路島経由・小豆島へ

二〇一九年三月二十九日の日記より

一昨日は東京日帰りで、ちょっと強行（？）だが（今夜こそは睡眠をしっかり取りたい）、今朝は優待券ツアーで、松任駅を七時過ぎに出発。今、淡路島経由で、高松港十六時発のフェリーで小豆島へ向かっている（乗車時間は六十五分ほど）。素晴らしい景観！　もう少しで到着だ。

小豆島へ向かうフェリーからの眺め

オリーブ公園と『二十四の瞳映画村』へ

二〇一九年三月三十日の日記より

今日のお昼前までお天気がもった。今は曇り空みたい。この四月から高校三年の息子R君は受験生。二歳のときの青森旅行から始まった、何回にも及ぶ二人旅。次回は、当分お預けかしら。

最初にオリーブ公園へ。ちょっとしたジブリコーナーやハーブ苗コーナーなどがあった。次に『二十四の瞳映画村』へ。R君が四歳になってすぐの十一月三日にも、私の母（R君の祖母）に誘われて映画を観に行っている。私の母が言うには、当時、R君は涙を流して観ていたそうで、この日もR君はその印象的なシーンがあったことを思い出した様子。趣のある昭和初期の建物や映画館の他、『岬の分教場』や太宰府天満宮の分社があり、参拝してきた。

その後、寒霞渓《かんかけい》ではしばらく雨に遭ったが、讃岐うどんとおいなりさんが美味しかった。ときどき空にクラウドシップのようなものを感じたのだが、どうなのだろう。今、小豆島の福田港十三時十五分発の船で姫路港へ向かっている。一時間四十分ほどの乗船後、陸路で帰途に就きます。

●参考資料

『黎明』葦原瑞穂、コスモテン
『[超図解]竹内文書　地球3000億年の記憶』高坂和導、徳間書店
『[超図解]竹内文書Ⅱ　天翔ける世界天皇　甦るミロク維新とは何か』高坂和導、徳間書店
『フラワー・オブ・ライフ　古代神聖幾何学の秘密』第1・第2巻
ドランヴァロ・メルキゼデク、ナチュラルスピリット
『学研新世紀百科辞典　第二版』新世紀辞典編集部、学習研究社
『学研の図鑑　星・星座』学習研究社
『宇宙&UFO国際会議報告書』コスモアイル羽咋
『預言石板の謎と日本ムー文明』飛鳥昭雄・三神たける、学習研究社
『ムー　2016年5月号』学研プラス
『ゴルフ場を撃退す』水上政吉、風媒社
『日本ヒスイの本　最高のパワーストーン』北出幸男、青弓社
『うめぼし博士の逆・日本史』1・2・3・4巻、樋口清之、祥伝社

『エンジェルノート　夢日記より』しらやまさら、文芸社
『エンジェルノート　夢日記よりⅡ』しらやまさら、文芸社

あと書きに寄せて

夢の中のメッセージや日常に感じていることなどについて書き始めてから、二〇二〇年十一月で二十六年になります。何らかの使命感を感じて、周りの方々にお伝えしたく、B5サイズ用紙に手書きして配布し始めたのは一九九七年十月のことでした。

その後、二〇〇三年春（息子R君が一歳半頃）から膨大な量の内容をパソコンで打ち込み始めました。待望の書籍化の機会を得たのは、一作目が二〇一二年九月、二作目は二〇一六年三月のことでした。そして、三作目が二〇二〇年中の予定です。

起こしたデータを項目ごとに振り分け、執筆を進める過程で、今回も文芸社のスタッフの皆様のお力をお借りして、今作品としてなんとか仕上げることができました。二〇一九年一月末に二十代前半に勤めていた職場へ再就職する機会を得て、二月末より半日勤務、四月より一日勤務となりました。その間くらいに三作目のお話が決まりました。

また、複数の仕事を掛け持ちしている都合で、平日は寝る間際まで家事があり、書くこと自体は本当はワクワクする楽しいことなのですが、休日のいくらかの時間を作って少しずつ進めてまいりました。時間のやり繰りが本当に大変だったのですが、なんとかここまで辿り着くことができて良かったです。

今回はこれまでの二作の続編になります。多々ある情報・記録からの内容となっています。今も、夢の中や直接伝わる啓示により、受け取った映像や言葉を元に、自己の内奥を通して探求し、模索している最中です。一人でも多くの読者の方と、何らかの共感できることがあるのでしたら嬉しく思います。

出版にあたって、本文の編集段階において、文芸社のスタッフの方々には大変お世話になり、本当にありがとうございました。両親をはじめ、かけがえのない息子R

白山弥陀ヶ原にて。山頂御前ケ峰方向

君と親族、友人・知人たちの励ましのお言葉はもちろん、最後まで読み進めて下さった読者の皆様に本当に感謝の思いでいっぱいです。

そして、私のそばでいつも見守ってくれている守護ガイドたち、宇宙銀河ファミリーにおける別次元の分身であるルーラたちにも、お礼を言いたい思いです。

以下は天照大神（ヒルメムチノ命）様から二〇一八年二月九日午後八時前に降りたご神言です。

この世にあまねく光を照らし続けていくこと。
それは、一条の光かもしれぬが、皆の者と照らし合わせてゆけば、強力な光となるとぞ。

我らは天孫降臨のひめみこなるぞ。
我らの使命、なせることを全うせよ。

この世が闇に包まれているように見えようともあきらめず、希望の光を見出してゆけ。
これからの益々のコトの起こりに対応し、ときには立ち向かい、地球上の生命体皆々と共存して行かれよ。

周りを見渡せば、勇気ある勇士たちは、そここここにたくさんいるとぞ。

慈悲慈愛の思いを持ち合わせ、協力し合って、できる限りの命を守り、大切にして行かれよ。

今後においては、あらゆることが起こり得る。

一つひとつ驚いている場合ではないほどであろう。それらに心して備えていかれよ。


地球日本大和、万有民族万歳!!

このヤマトの国こそが、この土地の民が中心となって率いていくのだ。

そのような使命が各々にあるのだ。


絶え果てることなく、続いている血脈よ。

その血統の中に、ＤＮＡに受け継がれている大切なもの。


一つとして、一人として同じ者はいない。

だが、協調の精神によってすべてがめぐり、なされていくのだ。

最後に、二〇二〇年五月六日の日記より。
〜白山市佐良地区に呼ばれて〜

〈二〇二〇年四月十八日のメッセージより〉再度、足を運んだのは五月六日のこと。
様々なクリーン化が行われている。
私の内側も外側も。周りの状況のすべてにおいて。
損得ではない、経済利益優先ではない環境に優しい世界。
人の心が温かく、思いやりに満ちあふれた世界に。
人々が安心して暮らせるようにと。
安寧の世界へと。
ただただ見渡す限りの野原……広々とした周りの様子。
生態系が息を吹き返し、正常になっていく、機能していくように。
地球環境における微生物たちとの関わり、彼らと共生し、バランスを取ることによって成り立っている、自然由来の微細菌システム。
敵でも味方でもなく、手を取り合うのでもなく、
人が歩み寄り、受け入れ理解していくことで成り立っていく。
自然界において生まれたものに不必要なものはない。
ただただ如何ように付き合っていくのかということなのだ。
腸内環境とは、地球環境におけるミニチュア版かもしれない。
これまでの間、不自然なものを作り出しているのは、人間でしかない。
今回のことはこれまでの行いに対する報いなのかもしれない。
食を正し、生活を見直していくこと　今がそのときなのだ。

今後の皆様のご健康とご多幸をお祈りいたしております。ありがとうございます。

二〇二〇年（令和二年）八月

しらやま さら

白山にて。まるで歓喜のパーティー

著者プロフィール

しらやま さら

金沢市出身。幼い頃からの、度重なる不思議な体験により、地球上の転生サイクル情報などを含む、個人のアカシックレコードの読み取りが行えるようになる。数えきれないほどの体外離脱体験により、様々な次元世界（宇宙銀河ステーションや宇宙図書館＆母船内医療センター、地底世界 e.t.c.）に関する記憶を合わせ持つ。

10 代後半の男の子の母。趣味は作曲、水彩画、旅行、登山、ヨガ。
電子オルガン、ピアノ＆クラリネットに長年、親しんでいる。
特技はピアノによる即興演奏。

2006 年、『ホルト・スクール』ペレランドラ・フラワーエッセンス講座前期＆後期修了。2007 年、ドリーン・バーチュー Ph,D. 直伝 AI（Angel Intuitive）認定コース修了。オーストラリアン『ホリスティック・ビューティー』アロマセラピー・アドバンス認定コース修了他。

著書
『エンジェルノート　夢日記より』（文芸社、2012 年）
『エンジェルノート　夢日記より II』（文芸社　2016 年）

フェイスブック　fb.com/shirayama.sara

エンジェルノート　夢日記よりⅢ

2020年11月15日　初版第１刷発行

著　者　しらやま さら
発行者　瓜谷 綱延
発行所　株式会社文芸社
〒160-0022　東京都新宿区新宿1－10－1
電話　03-5369-3060（代表）
03-5369-2299（販売）

印刷所　株式会社フクイン

ISBN978-4-286-20944-9